BACKBUCH FÜR TEENAGER

BACKBUCH FÜR TEENAGER

77 LECKERE UND EINFACHE BACKREZEPTE

Vorwort

Du liebst es, Kuchen, Cupcakes & Cookies zusammen mit deinen Freunden und Freundinnen oder deiner Familie zu vernaschen und möchtest sie jetzt auch mal mit deinen eigenen Backkreationen überraschen? Dann ist dieses Backbuch genau das Richtige für dich! Es bietet dir den perfekten Einstieg in die wunderbare Welt des Backens.

Auf den folgenden Seiten erhältst du zuerst jede Menge nützliche Tipps und Tricks: von den Must-haves an Backutensilien und Zutaten über grundlegende Backtipps bis hin zu praktischen Hacks, wenn doch mal etwas schiefgehen sollte. Du wirst schnell merken: Backen lernen ist gar nicht so schwierig und macht mindestens genauso viel Spaß wie das Verputzen der Leckereien!

Auf dich warten 77 super leckere und einfache Backrezepte für Kekse, Muffins, Cake-Pops, Kuchen, Brot & Co. Ob süß oder herzhaft, klassisch oder trendy, alltäglich oder festlich, mit oder ohne Ofen – bei den Rezepten ist für jeden Geschmack und Anlass etwas dabei! Alle Rezepte sind übersichtlich strukturiert und mit praktischen Symbolen versehen. So kannst du auf einen Blick Zutaten, Zeit, Schwierigkeitsgrad, Portionsgröße und Kompatibilität mit veganer oder glutenfreier Ernährung erkennen. Die zugehörigen Anleitungen führen dich Schritt für Schritt durch die Zubereitung des Rezepts. So wird das Backen für dich zum Kinderspiel!

Viel Spaß beim Zubereiten und Genießen deiner selbst gebackenen Leckereien! An die Backschüsseln, fertig, los!

Symbole und Abkürzungen in diesem Buch:

Zubereitungszeit

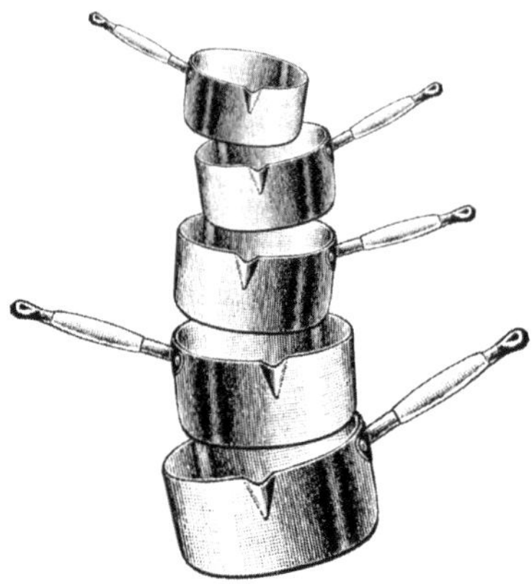

maximal 5 Hauptzutaten

Schwierigkeitsgrad

vegan

glutenfrei

EL	Esslöffel
TL	Teelöffel
Msp.	Messerspitze
Pck.	Packung/Päckchen
ml	Milliliter
l	Liter
g	Gramm
kg	Kilogramm
kl.	kleine/r/s
gr.	große/r/s
°C	Grad Celsius
ø	Durchmesser
TK	Tiefkühlprodukt

Inhalt

MUST-HAVES FÜR DIE BACKSTUBE

Damit du unbeschwert mit dem Backen beginnen kannst, sollte es dir an einer Grundausstattung an Backutensilien und Zutaten nicht fehlen. So kannst du jederzeit köstliche Backwerke zaubern. Je nachdem, was und wie oft du backst, kannst du die folgenden Empfehlungen an deine individuellen Bedürfnisse anpassen. Das meiste davon hast du bestimmt bereits zu Hause.

WICHTIGE BACKHELFER

MESSGERÄTE: Damit du die Zutaten für dein Rezept genau abmessen kannst, sind eine präzise Küchenwaage mit Zuwiegefunktion und ein Messbecher mit Skalen in Liter für Flüssigkeiten sowie Gramm für Mehl und Zucker unerlässlich. Manche Zutaten lassen sich aber auch notfalls mit Löffeln abmessen. Wie das geht, erfährst du auf Seite 24.

RÜHRSCHÜSSELN: In einer stabilen und hohen Schüssel lässt sich flüssiger Teig zubereiten, ohne über den Rand zu spritzen. Häufig werden auch mehrere Schüsseln beim Backen benötigt, um beispielsweise trockene und feuchte Zutaten zunächst separat zu vermengen. Für Wasserbäder und die Nutzung in der Mikrowelle solltest du zudem eine hitzebeständige Schüssel besitzen, zum Beispiel aus Glas.

RÜHRGERÄTE: Zum Rühren, Schlagen und Kneten des Teigs benötigst du natürlich auch das passende Werkzeug. Je nach Kraftaufwand klappt das am besten mit einem Schneebesen, Handrührgerät oder mit einer Küchenmaschine.

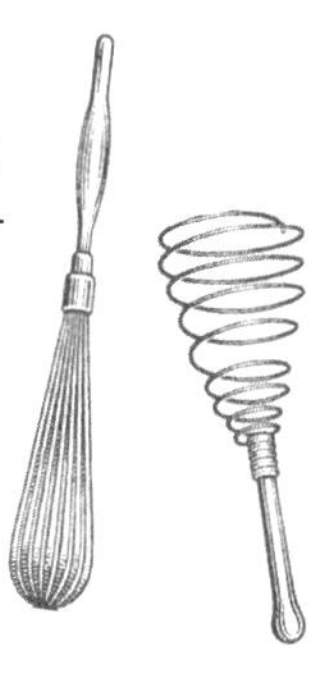

TEIGROLLER UND -SCHABER: Ein Teigroller – egal, ob aus Holz, Edelstahl oder Silikon – hilft dir, deinen Teig gleichmäßig auszurollen oder Kekse für einen Kuchenboden zu zerkleinern. Mit einem Teigschaber bekommst du auch die letzten Teigreste aus der Schüssel und kannst den Teig damit außerdem in der Backform etwas glatt streichen.

BACKFORMEN: Ob Spring-, Kasten-, Gugelhupfform, Muffinförmchen, Blech oder gar Auflaufform – mit einer passenden Form verleihst du dem fertigen Teig die gewünschte Gestalt. Besonders beliebt sind dabei Backformen aus Silikon, da sie weniger eingefettet werden müssen, leicht zu reinigen und in vielen verschiedenen Motiven erhältlich sind. Im Vergleich zu Backformen aus anderen Materialien sind sie jedoch instabiler, wodurch Kuchen unter Umständen keine klaren Konturen erhalten. Du benötigst aber nicht jede Form in jeder Art und Größe, denn oftmals lassen sich Rezepte durch Umrechnen der Mengenangaben an die verfügbare Backform anpassen. Mehr dazu findest du auf Seite 25.

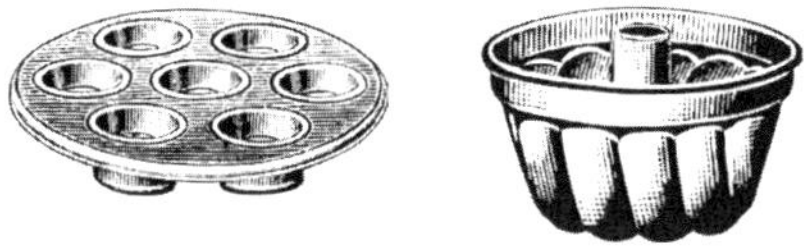

Tipp: **Setze beim Kauf der Backutensilien lieber auf Qualität statt Quantität. Sie sollten gut in der Hand liegen und leicht zu reinigen sein. Falls du eine Spülmaschine hast, achte darauf, dass sie dafür geeignet sind. Bei neuen Geräten unbedingt die Bedienungsanleitung lesen oder jemanden um eine Einweisung bitten.**

BACKUNTERLAGEN: Statt des klassischen Backpapiers kannst du auch Dauerbackfolien als Unterlage zum Arbeiten und Backen oder zum Auskleiden von Formen nutzen. Diese sind einfach zu reinigen und wiederverwendbar.

HITZESCHUTZ: Wer mit heißen Sachen hantiert, muss aufpassen, sich nicht zu verbrennen. Topflappen, Backhandschuhe und Untersetzer sind ein Muss in jeder Backstube! Auf einem Kuchengitter können die Backwerke besonders gut auskühlen und zudem dekoriert werden.

ERGÄNZENDES BACKZUBEHÖR

- ☐ *Universalreibe, z. B. für Obst, Gemüse oder Schokolade*
- ☐ *Handreibe, z. B. für Zitronenschale oder Muskatnuss*
- ☐ *Zitruspresse*
- ☐ *feine Siebe in unterschiedlichen Größen, z. B. für Mehl und Puderzucker oder zum Abtropfen von Früchten*
- ☐ *leistungsstarker Pürierstab oder Standmixer*
- ☐ *Töpfe und Pfannen, z. B. zum Erwärmen von Milch, Karamellisieren oder für Wasserbäder*
- ☐ *Backpinsel*
- ☐ *Ausstechformen*
- ☐ *Backrahmen und Tortenringe*
- ☐ *Küchentimer*
- ☐ *Holzstäbchen für die Stäbchenprobe*
- ☐ *Waffeleisen*
- ☐ *Tortenschneider*
- ☐ *Spritzbeutel mit verschiedenen Tüllen*
- ☐ *Cake-Pop-Stiele*
- ☐ *Drehteller zum Eindecken von Torten*
- ☐ *Kuchen- bzw. Tortenplatte*
- ☐ *Tortenheber*
- ☐ *luftdicht verschließbare Behälter, Abdeckhauben und Gebäckdosen*

DIE WICHTIGSTEN BACKZUTATEN

MEHLE: Mehl gibt es in unterschiedlichen Sorten mit verschiedenen Typenbezeichnungen. Nicht jedes Mehl eignet sich dabei für jedes Gebäck gleich gut. *Helle Mehle* mit niedriger Typenzahl (z. B. Weizenmehl Type 405, Type 550 oder Dinkelmehl Type 630) werden gern für Kekse, Kuchen, Torten und Weißbrot verwendet. Mit *dunkleren* und *Vollkornmehlen* (z. B. Dinkelmehl Type 1050 oder Roggenmehl Type 1150) wird vor allem Brot und Vollwertgebäck gebacken.

Die Typennummer gibt den Mineralstoffgehalt des Mehls an. Dieser ist umso größer, je mehr Schalenbestandteile des Korns im Mehl enthalten sind. Da bei Vollkornmehl das ganze Korn verarbeitet wird, erhält es keine Typenzahl. Vollkornmehle und Mehle mit hoher Typennummer können schnell ranzig werden und sind daher nur wenige Monate haltbar. Mehle mit niedriger Typenzahl halten sich dagegen für mehrere Monate. Generell solltest du Mehl stets trocken, kühl, luftdicht verschlossen und lichtgeschützt lagern.

Neben den klassischen Getreidemehlen aus Weizen, Dinkel und Roggen gibt es noch *weitere Mehlsorten*, die insbesondere für glutenfreies Backen geeignet sind. Dazu zählen unter anderem Mehle aus glutenfreien Getreiden (z. B. Mais, Reis, Hirse), aus sogenannten Pseudogetreiden (z. B. Amaranth, Buchweizen, Quinoa), aus Hülsenfrüchten (z. B. Soja, Kichererbsen, Bohnen) oder aus Nüssen und Samen (z. B. Mandeln, Leinsamen, Kürbiskernen).

TRIEBMITTEL: Backtriebmittel wie Backpulver, Natron und Hefe sorgen durch chemische Prozesse dafür, dass der Teig aufgeht und dadurch das Gebäck am Ende schön locker und luftig wird. Am bekanntesten ist das *Backpulver*, das eine Mischung aus *Natron*, Säure und einem Trennmittel ist. Natron allein im Teig ist wirkungslos. Es benötigt immer zusätzlich eine andere säurehaltige Zutat im Teig, damit es reagieren kann, zum Beispiel Zitronensaft, Früchte, Joghurt, Buttermilch, Quark oder Essig. Während Backpulver und Natron geschmacksneutral sind, verleiht *Hefe* dem Gebäck eine typische Geschmacksnote und dazu mehr Elastizität. Sie wird sowohl als frische Hefe in Würfelform als auch als Trockenhefe im Päckchen verkauft. Frische Hefe muss im Kühlschrank gelagert werden und hält sich dort maximal 2 Wochen. Ein Würfel frische Hefe entspricht zwei Päckchen Trockenhefe.

EIER: Auch Eier lockern Kekse und Kuchen auf und halten gleichzeitig alle Zutaten durch ihre Bindefähigkeit zusammen. Eiweiß, das als Eischnee aufgeschlagen unter den Teig gehoben wird, macht Gebäck schön fluffig. Vor allem Blätter- und Hefeteige werden vor dem Backen gern mit Ei bestrichen, um ihnen einen schönen Glanz und Farbe zu verleihen.

Tipp: **Wie du bestimmte Backzutaten durch andere Produkte ersetzen kannst, erfährst du ab Seite 26.**

SÜSSUNGSMITTEL: Zucker und andere Süßungsmittel geben dem Gebäck die gewünschte Süße und eine mehr oder weniger bräunliche Färbung, da der Zucker aufgrund der Hitze beim Backen karamellisiert. Im Supermarkt findest du viele verschiedene Zuckersorten und -formen. Am bekanntesten ist der klassische, weiße Haushaltszucker – ein *Kristallzucker*, der aus Zuckerrüben oder -rohr raffiniert wird. *Puderzucker* ist sehr fein vermahlener Kristallzucker, der sich besonders gut auflöst und daher gern für Zuckerguss verwendet wird. Als *Hagelzucker* werden grobe Zuckerkörner bezeichnet, die beim Backen nicht schmelzen und daher gern zur Verzierung von Gebäck dienen. Wird Zucker mit echter Vanille gemischt, entsteht *Vanillezucker* bzw. mit dem Aromastoff Vanillin entsprechend Vanillinzucker. Dazu kommen zähflüssige Formen wie *Sirup* oder *Honig*. Generell hat weißer Zucker keinen besonderen Eigengeschmack. Braune Zuckersorten schmecken hingegen meist etwas nach Karamell. Damit Zucker nicht so schnell verklumpt oder hart wird, unbedingt luftdicht verschlossen, trocken und kühl aufbewahren.

FETTE: Als Geschmacksträger sind Fette ein wichtiger Bestandteil beim Backen. Durch sie wird der Teig außerdem geschmeidig und saftig. Wenn du die Form vor dem Backen gut einfettest, lässt sich das fertige Gebäck leicht daraus lösen. Neben *Butter* und *Margarine* kannst du auch geschmacksneutrales *Öl* wie Sonnenblumen- oder Rapsöl zum Backen einsetzen. Mit Kokos-, Oliven- oder Nussöl gibst du süßem bzw. herzhaftem Gebäck ein besonderes Aroma. Achte darauf, dass sich das Öl, das du verwendest, für die hohen Temperaturen beim Backen eignet. Öle solltest du immer gut verschließen sowie kühl und dunkel lagern, damit sie nicht ranzig werden. Butter und Margarine gehören in den Kühlschrank, können aber auch eingefroren werden.

MILCHPRODUKTE: *Milch, Buttermilch, Joghurt, Sahne, Quark* und andere (alternative) Milchprodukte fügen einem Teig nicht nur Geschmack, sondern auch Flüssigkeit hinzu, wodurch sich die Zutaten zu einer geschmeidigen Masse verbinden. Das Gebäck wird feinporig und die Kruste dank des Milchzuckers gebräunt. Milchprodukte solltest du im Kühlschrank aufbewahren und angebrochen innerhalb weniger Tage verbrauchen.

Tipp: **Nach dem Öffnen von Verpackungen die Lebensmittel unbedingt in luftdicht verschließbare Behältnisse umfüllen. So bleiben die Lebensmittel länger haltbar und lästige Schädlinge haben keine Chance. Wenn du mal nicht weißt, wie du bestimmte Zutaten lagern sollst und auch auf der Verpackung keine Hinweise zu finden sind, überlege, wie du sie im Supermarkt vorfindest – im Regal, Kühl- oder Tiefkühlfach?**

ERGÄNZENDE BACKZUTATEN

- ☐ *Kakaopulver*
- ☐ *Kuvertüre*
- ☐ *Schokolade, z. B. als Streusel, Drops, Blättchen*
- ☐ *Gewürze, z. B. Zimt, Muskat*
- ☐ *Aromen, z. B. Vanille und Zitrone*
- ☐ *Vanilleschote*
- ☐ *Zitronensaft*
- ☐ *Zitronen- oder Orangenschale*
- ☐ *Speisestärke*
- ☐ *Sahnesteif*
- ☐ *Gelatine oder Agar-Agar*
- ☐ *Pudding(-pulver)*
- ☐ *Schoko- oder Nusscreme*
- ☐ *Marmelade oder Konfitüre*
- ☐ *Apfel- oder anderes Fruchtmus*
- ☐ *Obst & Gemüse frisch, tiefgekühlt oder konserviert*
- ☐ *getrocknete Früchte*
- ☐ *Nüsse, Kerne, Saaten gehackt oder gemahlen*
- ☐ *Kokosflocken oder -raspeln*
- ☐ *Haferflocken*
- ☐ *Kekse*
- ☐ *Lebensmittelfarben*
- ☐ *Zuckerstreusel, Perlen & Co. zum Dekorieren*
- ☐ *fertige Blätter-, Hefe- oder Pizzateige*
- ☐ *geriebener Käse*

TIPPS & TRICKS BEIM BACKEN

Backen lernen ist keine Zauberkunst. Wenn du ein paar grundlegende Hinweise beachtest, kann fast nichts mehr schiefgehen. Und wenn doch, findest du hier die passenden Tipps.

DAS SOLLTEST DU VOR DEM BACKEN WISSEN

VORBEREITUNG

Bevor du mit der Umsetzung eines Rezepts beginnst, lies dir genau durch, welche Zutaten, Backutensilien und Schritte dafür erforderlich sind und lege dir alles bereit. Dabei kann es hilfreich sein, die Zutaten bereits abzuwiegen. Dann verfällst du während des Backens nicht in Stress.

KÜCHENHYGIENE

Bei der Verarbeitung von Lebensmitteln ist eine gute Hygiene wichtig, um Bakterien keinen Nährboden zu bieten. Also stets die Hände waschen, nur mit sauberen Utensilien arbeiten, Obst & Gemüse abspülen, vor und nach dem Backen die Arbeitsfläche reinigen und Kühlprodukte nicht zu lange draußen stehen lassen.

ELEKTROGERÄTE

Lass dir vor dem Gebrauch von Elektrogeräten von einem Erwachsenen die Funktionsweisen genau erklären und verwende sie nur unter Aufsicht. Achte darauf, mögliche Aufsätze wie die Schneebesen beim Handrührgerät immer nur anzubringen oder abzunehmen, solange das Gerät nicht an den Strom angeschlossen ist. Fasse Elektrostecker und -dosen außerdem niemals mit nassen Händen an.

ZUBEREITUNGSZEIT

Die angegebenen Zubereitungszeiten in den Rezepten in diesem Buch sind Richtwerte und umfassen sowohl deine Arbeits- als auch die Backzeit. So kann es sein, dass du nur 10 Minuten tätig werden musst und das Gebäck die restliche Zeit im Ofen verbringt. Mach dir keine Sorgen, wenn es mal etwas länger dauert. Je nachdem, wie geübt du bereits im Backen bist, kann sich die Arbeitszeit verkürzen oder verlängern. Nimm dir lieber etwas mehr Zeit, damit du ein schönes Backerlebnis hast. Etwaige Ruhe-, Trocken- und Kühlzeiten findest du in den einzelnen Arbeitsschritten.

ZUTATENTEMPERATUR

Ist es nicht anders im Rezept angegeben, solltest du alle Backzutaten immer bei Zimmertemperatur und in der angegebenen Reihenfolge verarbeiten. So lässt sich alles besser vermixen. Nimm also gekühlte Zutaten rechtzeitig aus dem Kühlschrank und lege sie dir bereit.

EIERTEST

Wenn du dir nicht sicher bist, ob Eier noch frisch sind, fülle ein Glas mit Wasser und lege sie einzeln vorsichtig hinein. Bleibt das rohe Ei am Boden liegen, ist es frisch. Schwimmt es an der Oberfläche, ist es verdorben. Zusätzlich ist es hilfreich, Eier zunächst in einer separaten Schale oder Tasse aufzuschlagen. Zum einen kannst du so eventuelle Schalenstückchen besser entfernen und zum anderen Farbe und Konsistenz überprüfen.

EIER TRENNEN

Es gibt viele Backrezepte, für die du Eigelb und Eiweiß voneinander trennen musst. Das geht am besten, wenn die Eier kalt sind. Nimm dir dazu zum Beispiel eine Tasse, schlage das Ei an der Kante auf und teile die Schale in zwei Hälften, ohne dass das Eigelb in die Tasse fällt. Gib das Eigelb nun vorsichtig immer wieder von einer Schalenhälfte in die andere, bis das gesamte Eiweiß in der Tasse gesammelt ist. Das Eigelb kannst du jetzt in ein anderes Gefäß geben.

Wenn beim Backen Eigelb oder Eiweiß übrig bleiben, kannst du diese übrigens super in einem luftdichten Behälter für etwa 8-10 Monate einfrieren. Dabei Eigelb oder komplette Eier am besten mit etwas Zucker oder Salz verquirlen, um die Konsistenz zu erhalten. Möchtest du ausschließlich Eiweiß einfrieren, ist das nicht notwendig. Gefrorenes Ei kann im Kühlschrank aufgetaut und im Anschluss nur noch für erhitzte Gerichte verwendet werden.

EISCHNEE SCHLAGEN

Für Baisers und besonders fluffige Kuchen wird Eischnee aus Eiweiß verwendet. Damit dir der Eischnee gelingt, sollte das Eiweiß Raumtemperatur haben, frei von jeglichem Eigelb und die Rührschüssel sowie die Rührstäbe des Handmixers unbedingt sauber und fettfrei sein. Gib beim Aufschlagen eine Prise Salz hinzu, dann wird der Eischnee schön fest. Ob der Eischnee steif genug ist, kannst du testen, indem du mit einem normalen Messer einen Schnitt machst. Bleibt er sichtbar, hat dein Eischnee die perfekte Konsistenz. Jetzt solltest du ihn schnell verarbeiten, denn er lässt sich nicht noch einmal aufschlagen.

SAHNE SCHLAGEN

Sahne liebt es kalt. Bewahre Sie daher bis zur Zubereitung im Kühlschrank auf. Fettarme Sahne lässt sich nicht aufschlagen, verwende deswegen flüssige Schlagsahne mit mindestens 30 % Fettgehalt oder Konditorsahne. Zum Aufschlagen kannst du sowohl einen Handmixer mit Rührstäben als auch einen Schneebesen nehmen. Am schnellsten lässt sich Sahne aufschlagen, wenn du auch die Rührstäbe und eine Rührschüssel aus Metall vorher für etwa 30 Minuten kühlst. Gib die kalte Sahne in die Schüssel und rühre zunächst mit dem Mixer auf niedriger Stufe, bis sich das Volumen der Sahne vergrößert hat. Schalte dann langsam auf höhere Stufen und rühre weiter. Wenn sich währenddessen am Rand Wellen bilden und die Rührstäbe sichtbare Spuren hinterlassen, ist die Sahne fertig. Schlage lieber etwas weniger und mit einem Schneebesen nach, als zu viel - sonst wird daraus Butter. Extra standfest wird Sahne, wenn du beim Aufschlagen Sahnesteif hinzufügst. Die fertige Schlagsahne zügig verarbeiten.

SCHOKOLADE SCHMELZEN

Schokolade und Kuvertüre kannst du sowohl über einem Wasserbad auf dem Herd als auch in der Mikrowelle schmelzen. Dazu brichst oder hackst du sie am besten vorher in kleine Stücke. So schmilzt sie schneller und gleichmäßiger. Bei weißer Schokolade solltest du besonders gut aufpassen, denn diese schmilzt schneller als dunkle Sorten. *Du brauchst:* Schokolade oder Kuvertüre, einen kleinen Topf und eine Metall-/Glasschüssel für ein Wasserbad oder eine Mikrowelle und eine Schüssel.

Über einem Wasserbad:
Einen kleinen Topf ein paar Zentimeter hoch mit Wasser befüllen und auf niedriger Stufe erhitzen – nicht kochen! Sobald das Wasser dampft, eine Metall- oder Glasschüssel so in den Topf hängen, dass sie keinen Wasserkontakt hat und auch kein Wasser in die Schüssel spritzen kann. Dazu am besten eine Schüssel nehmen, die einen größeren Durchmesser als der Topf hat und diesen oben gut abschließt. Nun Schokoladenstücke in die Schüssel geben und unter stetigem Rühren schmelzen lassen.

In der Mikrowelle:
Schokoladenstücke in einem mikrowellengeeigneten Gefäß für 1 Minute bei 600 Watt in die Mikrowelle geben. Anschließend kurz abkühlen lassen und umrühren. Sollte die Schokolade noch stückig sein, Vorgang in maximal 30 Sekunden-Takten wiederholen, bis die Schokolade vollständig geschmolzen ist.

BACKFORMEN VORBEREITEN

Egal, welche Backform du verwendest: Denke immer daran, die Form vor dem Backen innen überall gleichmäßig einzufetten. Am besten eignet sich dafür weiche Butter oder Margarine. Auch bei Silikonformen ist eine leichte Fettschicht vorteilhaft. Zusätzlich kann es hilfreich sein, eine Backform nach dem Einfetten ringsherum mit Mehl zu bestäuben, damit sich das Gebäck nach dem Backen leicht aus der Form lösen lässt. Dazu etwas Mehl in die eingefettete Form geben, durch Drehen und Wenden gleichmäßig verteilen und überschüssiges Mehl herausklopfen. Legst du deine Backform mit Backpapier aus, kannst du dir das Einfetten in der

Regel sparen. Um zu verhindern, dass sich das Backpapier wieder zusammenrollt, kannst du es erst zusammenknüllen und dann wieder glatt streichen. Mit etwas Wasser angefeuchtet, verrutscht es nicht mehr.
Hast du die Backform vorbereitet, gibst du den Teig portionsweise hinein und befüllst diese maximal zu ¾. So kann beim Backen nichts überlaufen. Wenn du zu viel Teig für eine Form hast, verteile ihn lieber auf mehrere Backformen. Das gilt auch für Kekse und Plätzchen, die auf einem Blech nicht genügend Abstand zueinander hätten und verklumpen würden.

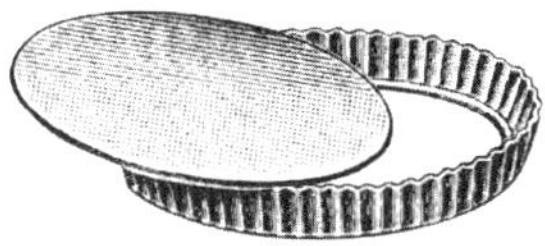

BACKOFENEINSTELLUNGEN

Die Temperaturangaben für die Rezepte in diesem Backbuch gelten für Elektrobacköfen. Trotzdem verhält sich jeder Ofen anders und die Hitzeleistung sowie damit auch die Backzeit können sich von den Rezeptangaben unterscheiden. Mach dich mit deinem Backofen vertraut, lies dir die Gebrauchsanweisung durch und nutze gegebenenfalls ein Backofenthermometer, um die richtige Einstellung für deinen Ofen zu finden. Am häufigsten wirst du die Einstellungen Ober-/Unterhitze ⚌ und Umluft ✇ benötigen. Denke daran, den Backofen vorzuheizen, da sich sonst die Backzeit und das Backergebnis verändern können. Wenn nicht anders angegeben, nutze die mittlere Schiene zum Backen. Hohe Kuchen und Ähnliches kannst du auch auf einer der unteren Einschubleisten platzieren, sodass das Backgut insgesamt mittig im Backofen ist. Vor allem für Teig, der beim Backen noch aufgeht, sollte genug Platz nach oben sein.

ALLES IM BLICK

Auch wenn dein Gebäck im Ofen eine Weile braucht, solltest du es nie ganz aus den Augen lassen. Stelle dir einen Timer ein paar Minuten vor der angegebenen Backzeit und schaue regelmäßig nach, ob nichts anbrennt oder überquillt. Öffne dabei aber nicht unnötig die Ofentür, denn sonst kann dein Gebäck schnell in sich zusammenfallen.

STÄBCHENPROBE

Um sicherzugehen, dass Kuchen und Muffins richtig durchgebacken sind, führst du kurz vor Ablauf der Backzeit die sogenannte Stäbchenprobe durch. Dazu stichst du mit einem Holzstäbchen in die dickste Stelle des Kuchens tief bis zum Boden ein und ziehst es wieder heraus. Bleibt kein Teig am Stäbchen kleben, ist der Kuchen fertig. Andernfalls lässt du ihn noch ein paar weitere Minuten backen und machst eine erneute Stäbchenprobe.

ABKÜHLZEIT

Auch wenn jetzt alles himmlisch duftet und du es kaum abwarten kannst, deine Backkreation zu vernaschen: Warte etwa 10-15 Minuten, nachdem du dein Gebäck aus dem Ofen genommen und es auf einen Kuchenrost gestellt hast. So kann es abkühlen, sich festigen und lässt sich besser aus der Form lösen und dekorieren.
Je nach Gebäck kannst du es dann entweder aus der Backform herausheben oder stürzen. Wenn nötig, löst du den Kuchen erst mit einem glatten Tafelmesser in leichten Sägebewegungen vom Backformrand. Zum Stürzen legst du einen Teller in entsprechender Größe oder eine Kuchenplatte auf die Öffnung der Form und drehst beides zusammen langsam um, sodass sich der Kuchen herauslöst und du die Form abnehmen kannst. Klopfe dabei gegebenenfalls leicht auf den Formboden. Achtung: Auch nach der Abkühlzeit sind Gebäck und Backform noch heiß. Sei daher sehr vorsichtig und benutze unbedingt Backhandschuhe oder lasse dir von jemandem helfen.

AUFBEWAHRUNG

So köstlich dein Gebäck auch ist, manchmal bleibt davon etwas übrig. Damit du auch noch 2-3 Tage später daran Freude hast, solltest du es richtig aufbewahren. Kekse, Zimtschnecken und trockene Rührkuchen kannst du in luftdichten Behältern und vor Sonneneinstrahlung geschützt bei Raumtemperatur lagern. Gefüllte Kuchen, Obstkuchen, Torten und alles, was frische Zutaten wie Sahne, Creme und Eiweiß enthält, gehören abgedeckt in den Kühlschrank. Damit das Gebäck dort keine anderen Gerüche annimmt, stelle stark riechendes Essen wie Käse oder Wurst gut in Dosen verschlossen in entfernte Kühlschrankfächer.

Kuchen, Kekse & Co. kannst du auch für ca. vier Monate luftdicht verpackt und am besten bereits portioniert im Gefrierschrank aufbewahren. Brot und Brötchen halten sich etwas länger. Nach Bedarf einfach bei Zimmertemperatur auftauen lassen und verspeisen. Allerdings lässt sich nicht jedes Gebäck gut einfrieren, da es je nach Zusammensetzung beim Auftauen an Konsistenz und Geschmack verlieren kann. Schlecht zum Einfrieren geeignet sind daher beispielsweise saftige Obstkuchen, Torten mit Buttercreme oder Kuchen mit Schokoglasur, Zuckerguss, Agar-Agar, Gelatine oder Pudding.

FEHLT DIR WAS?

Du hast keine Butter mehr, der Puderzucker reicht nicht und die Backform stimmt auch nicht mit der Rezeptangabe überein? Es kann trotz guter Vorbereitung immer mal wieder vorkommen, dass dir die richtigen Utensilien oder Zutaten zum Backen fehlen oder du letztere ernährungsbedingt ersetzen möchtest. Aber kein Problem, denn viele Produkte lassen sich austauschen!

KEINE WAAGE ZUR HAND

Wenn du keine Waage oder Messbecher zur Hand hast, kannst du deine Zutaten auch mit Löffeln abmessen. Dabei wird zwischen gestrichenen und gehäuften Löffeln unterschieden. Für einen gestrichenen Tee- oder Esslöffel nimmst du erst etwas mehr Produkt auf und streichst dann mit einem glatten Gegenstand, zum Beispiel mit einem Messer, entlang der Löffelkante, sodass der Löffel nun genau bis zum Rand ausgefüllt ist. Einen gehäuften Löffel füllst du so weit mit einer Zutat, bis nichts mehr darauf passt. Grundsätzlich entspricht ein Teelöffel ca. 5 ml Flüssigkeit und ein Esslöffel ca. 15 ml Flüssigkeit und damit in etwa drei Teelöffeln. Da sich das vor allem bei trockenen Zutaten stark unterscheiden kann, findest du auf der folgenden Seite eine Tabelle mit Löffelangaben für die wichtigsten Backzutaten.

Zutat	1 gestrichener Teelöffel	1 gestrichener Esslöffel
Backpulver	ca. 3 g	ca. 10 g
Butter	ca. 4 g	ca. 10 g
Kakaopulver	ca. 2 g	ca. 5 g
Margarine	ca. 4 g	ca. 10 g
Mehl	ca. 3 g	ca. 10 g
Milch	ca. 5 g	ca. 15 g
Öl	ca. 3 g	ca. 10 g
Puderzucker	ca. 3 g	ca. 10 g
Salz	ca. 5 g	ca. 15 g
Zucker	ca. 5 g	ca. 15 g

Tipp: **Nicht alle Tee- oder Esslöffel haben die gleiche Form und Größe. Die Angaben aus der Tabelle können sich also etwas zu deinen eigenen Löffeln unterscheiden. Wichtig beim Abmessen mit Löffeln ist, dass du für alle Zutaten denselben Löffel oder spezielle Messlöffel nimmst.**

DIE FALSCHE BACKFORMGRÖSSE

Dir fehlt die passende Backform für das ausgesuchte Rezept oder du möchtest einfach eine andere Form nehmen? Mit der folgenden Umrechnungstabelle ist das kein Problem. Suche dir im oberen Bereich die Backformgröße heraus, die im Rezept angegeben ist und in der linken Spalte die Formgröße, in der du gerne backen möchtest. Mit dem entsprechenden Umrechnungsfaktor multiplizierst du nun alle Mengenangaben der Zutaten aus dem Originalrezept.
Beispiel: Das Rezept ist für eine Springform mit einem Durchmesser von 28 cm ausgelegt, aber du möchtest eine Springform mit 22 cm Durchmesser verwenden. Dann multiplizierst du alle Mengenangaben mit dem Faktor 0,6.

Backformgröße laut Rezept in Zentimeter

Gewünschte Backformgröße in Zentimeter		*Rund (Durchmesser)* 20	22	24	26	28	30	*Rechteckig (Innenmaße)* 25×11	30×11	26×38	34×38
Rund (Durchmesser)	**20**		0,8	0,7	0,6	0,5	0,4	1,5	1,2	0,3	0,2
	22	1,2		0,8	0,7	0,6	0,5	1,8	1,5	0,4	0,3
	24	1,4	1,2		0,9	0,7	0,6	2,2	1,8	0,5	0,3
	26	1,7	1,4	1,2		0,9	0,8	2,6	2,1	0,5	0,4
	28	2,0	1,6	1,4	1,2		0,9	3,0	2,4	0,6	0,5
	30	2,3	1,9	1,6	1,3	1,1		3,4	2,8	0,7	0,5
Rechteckig (Innenmaße)	**25×11**	0,7	0,5	0,5	0,4	0,3	0,3		0,8	0,2	0,2
	30×11	0,8	0,7	0,6	0,5	0,4	0,4	1,2		0,3	0,2
	26×38	3,1	2,6	2,2	1,9	1,6	1,4	4,8	3,9		0,8
	34×38	4,1	3,4	2,9	2,4	2,1	1,8	6,2	5,1	1,3	

KEINE AUSSTECHFORMEN VORHANDEN

Ausstechformen gibt es in vielen Varianten, aber auch mit üblichen Gegenständen lassen sich schöne Kekse zaubern. Schaue dich in deiner Küche um, was dir zur Verfügung steht, und nimm zum Beispiel Gläser, Eierbecher, kleine Dosen oder Deckel von Getränkeflaschen als Ausstecher. Du kannst den Teig aber auch freihändig mit einem Messer zuschneiden oder dir eine Schablone aus Papier oder Pappe basteln und diese dann mit einem Messer nachzeichnen. Mit Gabeln, Stäbchen, Strohhalmen und Spritztüllen lassen sich coole Muster kreieren.

SPRITZBEUTEL FEHLT

Sind dir die Spritzbeutel ausgegangen, kannst du als Ersatz einen stabilen Gefrierbeutel nehmen. Einfach trichterförmig mit der Masse befüllen, den Beutel durch Drehen verschließen und die untere Ecke klein abschneiden.

MEHL ERSETZEN

Weizenmehl lässt sich problemlos mit hellem Dinkelmehl in gleicher Menge ersetzen. Mehle mit höherer Typenzahl oder Vollkornmehle nehmen mehr Flüssigkeit auf, sodass du diese im Teig um 10-20 % erhöhen solltest. Bei glutenfreien Mehlalternativen ist der Austausch etwas schwieriger und nicht 1:1 möglich, da ihnen die Klebeeigenschaft von klassischem Mehl fehlt. Um diese auszugleichen, müssten auch andere Zutaten angepasst werden. Hier suchst du dir am besten ein entsprechendes Rezept raus, damit nichts schiefgeht.

BACKPULVER ERSETZEN

Da Natron bereits ein Bestandteil von Backpulver ist, kannst du 1 TL Backpulver mit ½-¾ TL Natron ersetzen. Es wirkt jedoch nur in Verbindung mit einer Säure. Wenn das Rezept bisher keine saure Komponente wie Joghurt, Buttermilch oder Zitronensaft vorsieht, füge 2 EL Essig hinzu. Bereitest du einen Rührteig mit viel Flüssigkeit zu, kannst du Backpulver ebenfalls durch einen Schuss kohlensäurehaltiges Mineralwasser austauschen.

ZUCKER ERSETZEN

Normalen Haushaltszucker kannst du im gleichen Verhältnis mit Rohr-, Rohrohr-, Vollrohr- und Dattelzucker tauschen. Bei anderen Süßungsmitteln musst du aufgrund der Konsistenz unter Umständen die Mengen weiterer Zutaten anpassen. 100 g Zucker lassen sich beispielsweise durch nur 75 g Honig oder Agavendicksaft ersetzen, weil diese süßer als normaler Zucker sind. Dafür solltest du jedoch 20 % weniger an Flüssigkeit sowie bei Honig ½ TL mehr Backpulver hinzugeben. Bei Ersatzprodukten wie Erythrit, Stevia und Xylit findest du die Umrechnungsmengen in der Regel auf der Verpackung.

PUDERZUCKER SELBST HERSTELLEN

Puderzucker kannst du ganz leicht selbst herstellen, indem du Kristallzucker mit einer Küchenmaschine gut zerkleinerst.

Tipp: **Beim Austausch von Zutaten und Backformen kann sich die Konsistenz und Backzeit ändern. Gib hier besonders gut acht, wie sich dein Teig bzw. Gebäck entwickelt.**

EIER ERSETZEN

Neben fertigem Ei-Ersatz aus dem Handel, gibt es auch eine Reihe von anderen Möglichkeiten, mit denen du Eier in Backrezepten austauschen kannst. Ein Ei entspricht zum Beispiel einer halben zerdrückten Banane, ca. 3 EL Apfelmus, 3 EL Nussmus oder 1 EL Chiasamen bzw. 1 EL Leinsamen in 3 EL Wasser aufgequollen. Als Alternative zu Eiweiß hat sich Kichererbsenwasser (Aquafaba) erprobt. Etwa 25 ml davon ersetzen ein Eiweiß, das du in 10 Minuten wie Eischnee aufschlagen kannst.

BUTTER ERSETZEN

Butter ist ein wichtiger Geschmacksträger und lässt sich in der Regel 1:1 durch Margarine mit hohem Fettanteil ersetzen. Ob sich eine Margarine zum Backen eignet, steht meistens auf ihrer Verpackung. Statt Butter kannst du auch zu Öl greifen: je 80 g Öl für je 100 g Butter.

MILCHPRODUKTE ERSETZEN

Milch, Sahne und Quark kannst du einfach durch pflanzliche Alternativen aus Hafer, Soja, Mandeln & Co. austauschen. Je nachdem, was dir schmeckt und am besten zum Gebäck passt. Nicht jeder Sahne-Ersatz lässt sich aufschlagen. Verwende dafür eine Schlagcreme.

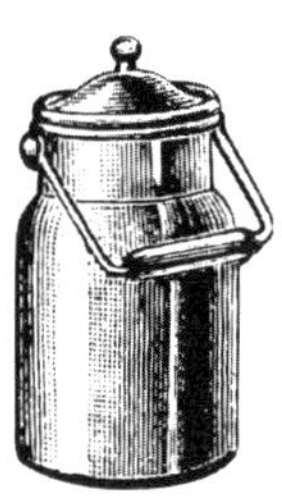

ERSTE HILFE BEI MISSGESCHICKEN

Oh no, der Teig ist viel zu flüssig, der Kuchen angebrannt oder lässt sich nicht aus der Backform lösen? Auch wenn du dich noch so gut an das Rezept hältst, kann ab und zu etwas schiefgehen. Aber keine Panik! In den meisten Fällen kannst du dein Gebäck noch retten. Denk daran: Auch beim Backen zählen die inneren Werte. Es ist nicht wichtig, ob deine Backkreationen einen Schönheitspreis gewinnen würden – Hauptsache, sie schmecken! Mit diesen Tipps kannst du deine Backpannen beheben, wenn sie schon passiert sind:

DER RÜHRTEIG IST ZU FLÜSSIG.

Der perfekte Rührteig ist zähflüssig. Wenn deiner noch zu flüssig ist, gib nach und nach etwas gesiebtes Mehl dazu, bis der Teig die richtige Konsistenz erreicht hat.

DER TEIG IST ZU KLEBRIG.

Klebt dein Teig zu sehr, hilft es, etwas mehr Mehl unterzumischen. Passe dabei jedoch auf, dass er nicht plötzlich zu trocken wird. Beim Ausrollen von Mürbeteig auch die Arbeitsfläche und die Teigrolle mit Mehl bestäuben.

DER TEIG IST ZU SÜSS.

Hast du zu viel Zucker in deinen Tag getan, rühre etwas Zitronensaft oder Apfelessig unter den Teig oder erhöhe entsprechend auch die Menge der anderen Zutaten und backe die doppelte Menge. Mit dem übrigen Gebäck kannst du anderen eine Freude bereiten oder es einfrieren. Ist der Kuchen bereits gebacken und zu süß geworden, serviere ihn mit sauren Komponenten wie Zitronenguss, säuerlichen Beeren oder Rhabarber.

DER TEIG IST VERSALZEN.

Bei kleineren Mengen an zu viel Salz kannst du einen Rettungsversuch starten. *Möglichkeit 1:* Gib zum Teig mehr Zucker oder Zitronensaft als Gegensatz zum Salz. *Möglichkeit 2:* Ändere deinen Plan und suche dir ein Rezept, bei dem der salzige Geschmack weniger auffällt, zum Beispiel bei herzhaftem oder Salted Caramel Gebäck. *Möglichkeit* 3: Du streckst den Teig, indem du alle anderen Zutaten verdoppelst und backst einfach die zweifache Menge von deinem Rezept.

DER HEFETEIG GEHT NICHT AUF.

Es gibt viele Gründe, warum ein Hefeteig nicht aufgeht: die Hefe war zu alt, die Zutaten hatten nicht Raumtemperatur und wurden nicht lange genug für ca. 3-5 Minuten miteinander verknetet, du hast die Gehzeiten nicht beachtet, dem Teig war es nicht warm genug (max. 40 °C) oder er stand in der Zugluft. Manchmal wird ein Hefeteig beim Gehen auch zu trocken. Dann kann feuchte Wärme helfen, indem du ein Backblech auf unterster Schiene vorsichtig mit kochendem Wasser füllst und den Teig in der abgedeckten Schüssel mittig darauf platzierst. Lasse ihn nun bei geschlossener Ofentür gehen. Eine zweite Möglichkeit, deinen Hefeteig zu retten, ist es, aus einem Würfel Frischhefe, 250 ml Wasser, 2 EL Mehl und 1 TL Zucker einen zweiten Hefeansatz zuzubereiten. Wenn an der Oberfläche dieser Mischung keine neuen Bläschen mehr erscheinen, knetest du sie in deinen Teig und gibst schrittweise Mehl hinzu, bis er geschmeidig und glatt ist. Nun noch mindestens eine Stunde gut abgedeckt an einem warmen Ort ruhen lassen.

DER MÜRBETEIG BRICHT.

Versuche zuerst den Teig durch Hinzugabe von etwas mehr Butter wieder geschmeidig zu machen. Hilft das nicht, nutze den Teig für Streusel, zum Beispiel für einen Crumble. Ist ein gebackener Kuchenboden aus Mürbeteig zerbrochen, kannst du ihn mit Eiweiß oder geschmolzener Schokolade kleben.

DER KUCHEN IST NICHT DURCHGEBACKEN.

Wenn der Kuchen im Ofen außen bereits knusprig und goldbraun, aber in der Mitte noch nicht durchgebacken ist, bedecke ihn mit Alufolie oder Backpapier und lasse ihn weiterbacken. Fällt dir das Malheur erst später auf, hilft nur eins: Höhle den Kuchen aus, indem du alle flüssigen und matschigen Kuchenteile entfernst, und fülle das Loch nach Belieben mit Obst, Süßigkeiten oder einer Creme. Fertig ist deine neue Kreation, die alle überraschen wird!

DER KUCHEN LÄSST SICH NICHT AUS DER FORM LÖSEN.

Vielleicht hast du vergessen, die Form richtig einzufetten oder die Abkühlzeit von etwa 10-15 Minuten einzuhalten. Während der Ruhezeit kannst du die Backform mit einem kühlen, feuchten Geschirrtuch umwickeln, damit sich der Kuchen anschließend leichter stürzen oder aus der Form nehmen lässt. Sollte das noch nicht klappen, gib den Kuchen in der Form für etwa 10-15 Minuten ins Gefrierfach und versuche es erneut.

DAS BACKPAPIER LÄSST SICH NICHT VOM KUCHEN ABLÖSEN.

Stürze den Kuchen inklusive Backpapier und belege dieses kurzzeitig mit einem feuchten Tuch. Versuche nun das Backpapier vorsichtig zu entfernen. Instabile Kuchen löst du besser portionsweise vom Backpapier.

DER KUCHEN IST UNEBEN.

Ist dein Kuchen hügelig geworden, schneide die Stellen gerade ab, sodass eine ebene Fläche entsteht. Jetzt drehst du ihn einfach um und verzierst ihn wie geplant. Umdrehen ist auch die Lösung, wenn dein Kuchen in der Mitte eingefallen ist. Sollte das nicht möglich sein, weil der Kuchen zum Beispiel einen Boden hat, kannst du die Delle einfach unter einer Creme und etwas Deko verstecken oder die Mitte aushöhlen und mit Süßigkeiten befüllen, wie bei dem Piñata-Partykuchen auf Seite 66.

DAS GEBÄCK IST ZU TROCKEN.

Stich mit einem Holzstäbchen einige Löcher in den Kuchen, beträufle ihn mit einem passenden Fruchtsaft oder Milch und lasse das Ganze eine Weile ziehen, bis der Kuchen die Flüssigkeit aufgenommen hat und wieder schön saftig ist. Trockene Kekse kannst du für ein paar Tage zusammen mit einigen Apfelscheiben in einen luftdichten Behälter geben, sodass sie deren Feuchtigkeit aufnehmen.

DER KUCHEN IST ZU DUNKEL GEWORDEN.

Streue viel Puderzucker auf den Kuchen oder verziere ihn mit einer Glasur, Creme oder Schlagsahne.

DER KUCHEN IST ANGEBRANNT.

Entferne die angebrannten Stellen großzügig mit einem scharfen Messer oder einer Reibe und kaschiere die Stellen beispielsweise mit Marmelade, Schokocreme oder einer Glasur.

DER KUCHEN ODER DIE KEKSE SIND ZERBROCHEN.

Zerbrochenes Gebäck kannst du wiederverwerten, indem du zum Beispiel krümeligen Rührkuchen für Cake-Pops, Schichtdesserts oder Tiramisu verwendest. Zerbrochene Kekse ergeben einen prima Boden für No-Bake-Speisen oder Deko für Desserts.

DER ZUCKERGUSS ODER DIE KUVERTÜRE SIND VERKLUMPT.

Zuckerguss kannst du durch ein Sieb geben, um die Klumpen zu entfernen. Bei Kuvertüre fügst du etwas Kokosfett hinzu und lässt diese schmelzen.

DIE GLASUR HAFTET NICHT AM GEBÄCK.

Entferne alle Krümel mit einem Backpinsel und bestreiche das abgekühlte Gebäck mit etwas erwärmter Konfitüre. Sobald diese getrocknet ist, kannst du die Glasur oder den Zuckerguss darüber geben.

DIE CREME WIRD NICHT FEST.

Gib bei Tortencremes aus Sahne Sahnesteif oder Geliermittel dazu und stelle die Creme kalt, bevor du sie verarbeitest. Kälte hilft auch bei zu flüssiger Buttercreme, damit sich die Butter festigen kann. Wenn die Buttercreme geronnen ist, erwärme sie zuvor wenige Sekunden in der Mikrowelle oder über einem Wasserbad und schlage sie dann erneut auf. So haben alle Zutaten die gleiche Temperatur und können sich gut miteinander verbinden.

KEKSE & COOKIES

kleine Leckerbissen

FRÜHSTÜCKSKEKSE

Für 12 Stück:

1 reife Banane
50 g gehackte Haselnüsse
160 g feine, glutenfreie Haferflocken
3 EL Erdnussbutter
5 EL Ahornsirup
2 EL Kürbiskerne
3 EL Pekannüsse
70 g Cranberries
1 gr. Prise Salz
1 TL Zimt

1 Rührschüssel
1 Backblech

1. Den Ofen auf 170 °C Ober-/Unterhitze vorheizen. Danach die Banane in einer großen Rührschüssel mit einer Gabel zerdrücken. In die Schüssel werden jetzt Haselnüsse, Haferflocken, Erdnussbutter, Ahornsirup, Kürbiskerne, Pekannüsse und Cranberries gegeben. Danach Salz und Zimt zugeben und vermengen.

2. Den Teig gut kneten und in mundgerechte Portionen formen. Frühstückskekse auf einem Blech mit Backpapier auslegen und 15 Minuten backen. Die fertigen Kekse danach aus dem Ofen nehmen und gut abkühlen lassen.

In diesem Rezept wurden Haferflocken statt Mehl und Ahornsirup statt Zucker verwendet. Beide Zutaten können also ganz einfach ersetzt werden.

RIESENCOOKIES MIT SMARTIES

60 MIN

Für 20 Stück:

350 g Mehl
2 TL Backnatron
250 g weiche Butter
1 TL Vanilleextrakt
150 g Zucker
150 g brauner Zucker
1 TL Salz
2 Eier
250 g Smarties
80 g Schokotropfen

2 Rührschüsseln
Handrührgerät
1 Backblech

1. Den Ofen auf 175 °C Ober-/Unterhitze vorheizen. Eine erste kleine Schüssel nehmen und darin Mehl und Backnatron vermischen. In eine zweite größere Rührschüssel Butter, Vanilleextrakt, Zucker, braunen Zucker und Salz geben und für 5 Minuten mit einem Handrührgerät schaumig schlagen. Dann die Eier dazugeben und unterrühren.

2. Schließlich die Mehl-Mischung dazugeben und alles zu einem homogenen Teig verrühren. 150 g der Smarties und alle Schokotropfen unterheben.

3. Etwa 20 Portionen Teig mit genug Abstand auf mehreren Blechen mit Backpapier auslegen und beliebig viele Smarties auf den Teig drücken. Cookies pro Blech ca. 12 Minuten backen, bis der Cookie-Rand goldbraun ist.

Die Kekse sind nach dem Backen im Ofen noch sehr weich und gewölbt, fallen aber nach ein paar Minuten zusammen und härten aus.

ZITRONENKEKSE

Für 20 Stück:

1 Eigelb
2 Tropfen Zitronenaroma
½ Pck. Vanillezucker
60 g Zucker
100 g gemahlene Mandeln
50 g Puderzucker
1-2 EL Zitronensaft

2 Rührschüsseln
Handrührgerät
1 Nudelholz
1 Backblech

1. Den Ofen auf 180 °C Ober-/Unterhitze vorheizen und ein Blech mit Backpapier auslegen. In einer Rührschüssel die Eigelbe mit Zitronenaroma, Vanillezucker und Zucker mit dem Handrührgerät schaumig schlagen. Danach die Mandeln hinzugeben und mit den Knethaken des Rührgeräts alles zu einem gleichmäßigen Teig verkneten.

2. Den Teig auf einem mit Puderzucker bestreuten Brett ca. 3 mm dick ausrollen und gleichmäßige Formen ausschneiden. Es können auch Ausstechformen dafür verwendet werden. Auf dem Blech auslegen und für 12-15 Minuten im Ofen backen.

3. Puderzucker und Zitronensaft zu einer Glasur vermischen und die frisch aus dem Ofen kommenden Kekse damit bestreichen. Danach alles abkühlen lassen.

HAFERKEKSE

Für 18 Stück:

230 g feine Haferflocken
180 g brauner Zucker
1 TL Vanilleextrakt
2 TL Backpulver
80 g Dinkelmehl
60 g Apfelmus
180 g weiche vegane Butter

1 Rührschüssel
1 Backblech

1. Den Ofen auf 180 °C Umluft vorheizen. In einer Rührschüssel die Haferflocken, Zucker, Vanilleextrakt, Backpulver und Dinkelmehl vermengen. Apfelmus und Butter hinzugeben und zu einem gleichmäßigen Teig kneten.

2. 18 Kugeln formen und auf einem mit Backpapier ausgelegten Backblech platzieren.

3. Die Kugeln flachdrücken und für 12 Minuten backen. Im Anschluss abkühlen lassen.

Je flacher die Kekse geformt werden, desto knuspriger werden sie am Schluss.

FLORENTINER

Für 15 Stück:

40 g vegane Sahne
30 g kalte vegane Butter
50 g Zucker
100 g Mandelblättchen
50 g gemahlene Mandeln
100 g Zartbitterschokolade

1 Topf
Kuchengitter
1 Backblech

1. Den Ofen auf 160 °C Umluft vorheizen. Sahne, Butter und Zucker in einem Topf vermengen, kurz erwärmen und aufkochen lassen. Die Mischung die ganze Zeit über rühren, bis Butter und Zucker geschmolzen sind. Mandelblättchen und gemahlene Mandeln hinzufügen und langsam unterrühren.

2. Auf ein mit Backpapier ausgelegtes Blech 15 kleine Portionen des Teigs verteilen. Pro Portion reichen ca. 2 TL des Teigs.

3. Für 15-20 Minuten im Ofen backen. Danach abkühlen lassen.

4. Zartbitterschokolade in einem Wasserbad schmelzen (siehe Anleitung S. 20) und die Kekse mit der Unterseite in die flüssige Schokolade tunken. Auf einem Kuchengitter abtropfen und abkühlen lassen.

Für eine fruchtige Note zum Sahne-Butter-Gemisch noch etwas frischen Orangenabrieb hinzufügen.

STREUSELKEKSE

60 MIN

Für 25 Stück:

150 g Mehl
60 g Puderzucker
½ Pck. Vanillezucker
1 Prise Salz
90 g kalte Butter
1 Ei
1 EL Wasser
130 g Marmelade

1 Rührschüssel
Nudelholz
1 Backblech

1. Das Mehl mit Puderzucker, Vanillezucker und Salz in einer Rührschüssel vermengen und danach die Butter stückchenweise und das Ei hinzufügen. Die Mischung kneten und zu einem streuseligen Teig verarbeiten. ¼ des Teigs in den Kühlschrank stellen.

2. Das Wasser zum restlichen Teig geben und zu einem gleichmäßigen Mürbeteig verarbeiten. In Frischhaltefolie wickeln und 30 Minuten kaltstellen. Den Ofen auf 180 °C Ober-/Unterhitze vorheizen.

3. Den Mürbeteig aus der Frischhaltefolie nehmen. Ein Brett mit Mehl bestäuben und den Teig darauf ca. 3 mm dick ausrollen. Anschließend in die gewünschte Form schneiden oder Ausstechformen nutzen. Auf einem Blech mit Backpapier auslegen.

4. Die Marmelade mit einem Löffel auf den Keksen verstreichen. Streusel aus dem Kühlschrank nehmen und die Kekse damit belegen. Im Ofen für etwa 13 Minuten goldgelb backen.

CHOCOLATE CHIP COOKIES

Für 18 Stück:

200 g Mehl
90 g Zucker
130 g weiche vegane Butter
1 Prise Salz
1 Pck. Vanillezucker
1 TL Backpulver
2 EL Apfelmus
150 g Zartbitter Schokoladentropfen

1 Rührschüssel
Handrührgerät
1 Backblech

1. Den Ofen auf 180 °C Umluft vorheizen. Alle Zutaten bis auf die Schokotropfen so lange mit einem Handrührgerät in einer Rührschüssel vermengen, bis ein formbarer Teig entsteht. Danach die Schokotropfen hinzufügen und kurz untermischen.

2. Aus dem Teig 18 Kugeln formen und mit genügend Abstand auf dem mit Backpapier belegten Blech platzieren. Danach für 10-12 Minuten backen, sodass die Kekse danach nicht knusprig, sondern noch sehr weich sind. Danach abkühlen lassen.

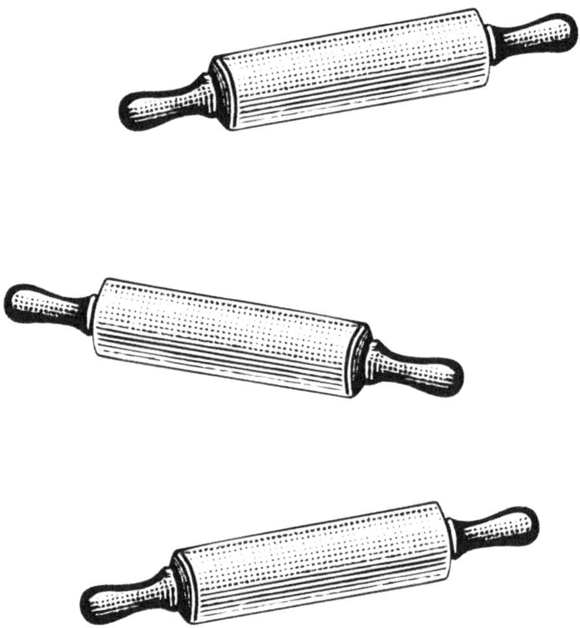

MUFFINS & CUPCAKES

süße Küchlein

CHEESECAKE-MUFFINS

Für 12 Stück:

Butter zum Einfetten
16 Kakao-Doppel-Kekse (Oreo-Kekse)

50 g Schmand
200 g Frischkäse
70 g Zucker
1 Ei
1 Msp. Vanilleextrakt

1 Muffinblech
1 Rührschüssel
Handrührgerät

1. Ein Muffinblech mit 12 Mulden einfetten oder einzelne Muffinförmchen zurechtlegen. Jeweils einen Kakao-Keks in einer Mulde platzieren. Den Ofen auf 140 °C Ober-/Unterhitze vorheizen.

2. Schmand, Frischkäse, Zucker, Ei und Vanilleextrakt mit dem Handrührgerät in einer Rührschüssel vermischen und rühren bis eine cremige Teigmasse entsteht. Die 4 übrigen Kakao-Kekse grob hacken und ca. die Hälfte unter die Teigmasse heben. Teig nun gleichmäßig in den Muffinformen verteilen. Die zweite übrige Hälfte der Keksstücke als Dekoration auf die Muffins geben.

3. Die Muffins etwa 25 Minuten backen. Achtung, sie werden dabei nicht braun. Danach aus dem Ofen nehmen und gut auskühlen lassen.

Cheesecake-Muffins mit anderen Kekssorten varriieren.

SCHOKOLADIGE VULKANMUFFINS

30 MIN

Für 12 Stück:

115 g weiche Butter
225 g Zartbitter-Schokolade
100 g Zucker
35 g Mehl
1 TL Vanillezucker
1 Prise Salz
4 Eier
Butter zum Einfetten
2 EL ungesüßtes Kakaopulver

1 Muffinblech
1 Rührschüssel
Handrührgerät

1. Butter und Schokolade im Wasserbad schmelzen (siehe Anleitung S. 20). Währenddessen Zucker, Mehl, Vanillezucker und Salz in einer Rührschüssel vermengen. Mit einem Handrührgerät Eier unter die Zucker-Mehl-Mischung rühren, bis ein gleichmäßiger Teig entstanden ist. Danach die nicht mehr heiße, aber noch flüssige Schokolade unterrühren und mit dem Rührgerät auf der höchsten Stufe dickflüssig und cremig schlagen.

2. Die Mulden des Muffinblechs mit Butter einfetten und mit Kakaopulver ausstreuen (am einfachsten geht das mit einem Sieb).

3. Die Muffinmulden zu ⅔ mit Teig befüllen und bei 190 °C Ober-/Unterhitze 10-11 Minuten backen. Innen sollten die Muffins dann flüssig bis sehr weich sein. Danach alles abkühlen lassen.

Für ein besonders intensives Aroma Zartbitter-Schokolade mit mindestens 60 % Kakaoanteil wählen!

ORANGENLIMO-MUFFINS

30 MIN

Für 12 Stück:

Butter zum Einfetten
80 g Zucker
225 g Mehl
1 Pck. Vanillezucker
1 Msp. Vanilleextrakt
1 Prise Salz
1 TL Backpulver
150 ml Öl
100 ml Orangen-Limonade
2 Eier

Für die Glasur:
2 EL Puderzucker
etwas Zitronensaft
Schalenabrieb einer Bio-Orange

1 Muffinblech
3 Rührschüsseln

1. Ein Muffinblech mit 12 Mulden einfetten und den Ofen auf 180 °C Ober-/Unterhitze vorheizen. Zucker, Mehl, Vanillezucker, Vanilleextrakt, Salz und Backpulver in einer Schüssel vermischen. Das Öl in einer separaten Schüssel mit der Limonade und den Eiern verrühren und Stück für Stück in die erste Schüssel geben.

2. Den Teig in die vorbereitete Form füllen und im Ofen ca. 15 Minuten backen. Die Muffins danach abkühlen lassen.

3. Für die Glasur in einer extra Schüssel den Puderzucker, den Zitronensaft und die abgeriebene Orangenschale vermischen und auf die Muffins geben.

HIMBEERMUFFINS MIT WEISSER SCHOKOLADE

45 MIN

Für 12 Stück:

180 g weiche Butter
125 g Zucker
½ Pck. Vanillezucker
3 Eier
125 g Quark, 20 % Fett
200 g Mehl
2 TL Backpulver
100 g weiße Schokolade
100 g Himbeeren
Butter zum Einfetten

2 Rührschüsseln
Handrührgerät
1 Muffinblech

1. Den Ofen auf 180 °C Umluft vorheizen. Mit dem Rührgerät 180 g Butter, Zucker und Vanillezucker in einer Rührschüssel verrühren, danach Eier und Quark hinzugeben und wieder rühren. Mehl und Backpulver in einer kleinen Schüssel mischen und nach und nach dem Quarkteig unterrühren, bis er cremig und glatt ist.

2. Die Schokolade grob hacken und mit den Himbeeren unter den Teig heben.

3. Ein Muffinblech einfetten und die Mulden zu ¾ mit Teig befüllen. Die Muffins für 25 Minuten goldbraun backen.

MUFFINS MIT POPCORN-TOPPING

60 MIN

Für 12 Stück:

Butter zum Einfetten
225 g Mehl
2 TL Backpulver
150 g Zucker
1 Pck. Vanillezucker
3 Eier
85 ml Wasser
150 ml Öl
1 TL Vanilleextrakt
etwas Lebensmittelfarbe

Für die Glasur:
150 g Puderzucker
30 g fertiges karamellisiertes Popcorn

1 Muffinblech
2 Rührschüsseln
Handrührgerät

1. Ein Muffinblech einfetten und den Ofen auf 180 °C Ober-/Unterhitze vorheizen. In einer Rührschüssel Mehl und Backpulver mischen, danach Zucker, Vanillezucker und Eier hinzugeben. Anschließend Wasser, Öl und Vanillieextrakt hinzufügen und den Teig 2 Minuten mit dem Handrührgerät auf höchster Stufe verrühren.

2. Dem Teig jetzt etwas Lebensmittelfarbe hinzugeben und gut vermischen. Die Muffins danach für 25 Minuten backen und nach abgelaufender Zeit 30 Minuten abkühlen lassen.

3. Puderzucker mit 1 EL Wasser in kleiner Schüssel verrühren und die Glasur mit einem Messer auf den Muffins verteilen. Popcorn direkt danach auf den Muffin drücken, bis alles kleben bleibt.

Es können auch mehrere Lebensmittelfarben verwendet werden. Dafür den Teig in die Menge der gewählten Farben aufteilen, einfärben und farbweise in die Muffinformen schichten.

KRÜMELMONSTER-MUFFINS

60 MIN

Für 12 Stück:

Butter zum Einfetten
125 g weiche Butter
150 g Zucker
1 Pck. Vanillezucker
2 Eier
200 g Mehl
2 TL Backpulver
75 ml Milch
12 kl. runde Schoko-Kekse
24 Zuckeraugen

Für die Glasur:
250 g Puderzucker
3 EL Wasser
100 g Kokosraspeln
etwas blaue Lebensmittelfarbe

1 Muffinblech
3 Rührschüsseln
Handrührgerät

1. Das Muffinblech einfetten und den Ofen auf 180 °C Ober-/Unterhitze vorheizen. Butter, Zucker und Vanillezucker in einer Schüssel mischen, Eier hinzufügen und wieder mit einem Handrührgerät verrühren. Mehl und Backpulver vermengen und abwechselnd mit Milch zum Teig geben. Den Teig in den Muffinmulden verteilen und ca. 25 Minuten backen. Danach abkühlen lassen.

2. Puderzucker, Wasser und 2-3 Tropfen Lebensmittelfarbe in einer Schüssel vermischen. Die Kokosraspeln mit 4-5 Tropfen der Farbe in eine zweite kleine Schüssel geben. Mit den Händen vermengen, um die blaue Farbe gleichmäßig zu verteilen.

3. Die Glasur mit einem Messer auf den Muffins verteilen und diese dann kopfüber in die Kokosraspeln drücken. Alles kurz aushärten lassen.

4. Mit einem Messer Schlitze in die Muffins schneiden und dort jeweils einen Schoko-Keks hineinstecken. Zuletzt die Zuckeraugen auf die Kokosrapseln drücken.

ERDBEERCREME-CUPCAKES

60 MIN

Für 12 Stück:

Butter zum Einfetten
2 Eier
100 g Zucker
100 ml Öl
100 ml Orangensaft
½ ml Zitronensaft
1 TL Backpulver
150 g Mehl
50 g gehackte Mandeln

Für das Topping:
200 g Erdbeeren
125 g Magerquark
200 g Sahne
1 Pck. Sahnesteif
1 Pck. Vanillezucker

1 Muffinblech
3 Rührschüsseln
Handrührgerät
Pürierstab
1 Spritzbeutel

1. Den Ofen auf 175 °C Ober-/Unterhitze vorheizen und ein Muffinblech einfetten. Mit einem Handrührgerät in einer Rührschüssel Eier und Zucker zu einer cremigen Masse verrühren, danach Öl, Orangen- und Zitronensaft dazugeben. Backpulver und Mehl unter die Eiermasse rühren und die Mandeln unterheben. Teig auf Muffinblech verteilen und für 25 Minuten backen.

2. In einer anderen Schüssel die Erdbeeren pürieren, Quark dazugeben und rühren, bis eine glatte Masse entsteht. Die Sahne mit Sahnesteif und Vanillezucker separat steif schlagen und dann unter die Erdbeer-Quark-Masse heben.

3. Die fertige Creme in einen Spritzbeutel füllen und die abgekühlten Cupcakes mit der Erdbeercreme verzieren.

Übrig gebliebene Erdbeeren gern auf das Topping geben.

BUNTE PARTY-CUPCAKES

Für 12 Stück:

Butter zum Einfetten
100 g weiche Butter
4 Eier
120 g Puderzucker
1 Pck. Vanillezucker
200 g Mehl
1 TL Backpulver
1 Prise Salz
70 g gemahlene Haselnüsse
120 ml Milch

Für das Topping:
250 g Sahne
100 g Puderzucker
1 Pck. Sahnesteif
2 Lebensmittelfarben
Deko nach Wahl

1 Muffinblech
4 Rührschüsseln
Handrührgerät
2 Spritzbeutel

1. Den Ofen auf 180°C Ober-/Unterhitze vorheizen und Muffinblech einfetten. In einer Rührschüssel Butter, Eier, Puderzucker und Vanillezucker mit einem Handrührgerät verquirlen. In einer weiteren Schüssel Mehl, Backpulver, Salz und Haselnüsse vermengen und mit Milch abwechselnd unter den Teig rühren.

2. Die Muffinförmchen zu ½ mit Teig befüllen und 20-25 Minuten backen. Danach abkühlen lassen.

3. Sahne schlagen, Puderzucker und Sahnesteif untermischen und Masse halbieren. Jede Hälfte mit je 1 EL Lebensmittelfarbe der Wahl färben.

4. Die Creme in zwei Spritzbeutel füllen, auf Cupcakes geben und nach Belieben mit Streuseln, Perlen oder Smarties verzieren.

CAKE-POPS, WAFFELN & CO.

bunt gemischte Leckereien

SCHOKO-MANDEL-CAKE-POPS

Für 20 Stück:

½ Rührkuchen (fast alle Kuchen lassen sich zu Cake-Pop-Teig verarbeiten)

75 g Fruchtgelee (Sorte nach Wahl)

50 g Zartbitter-Kuvertüre

100 g gehobelte Mandeln

20 Lutscherstiele

20 Holzstiele

Halterung zum Trocknen

1 Rührschüssel

1. In einer Rührschüssel den Rührkuchen zerkrümeln und per Hand mit Gelee vermischen. Dabei nur so viel Gelee dazugeben, bis der Teig feucht und formbar ist. Aus der fertigen Masse 20 kleine Kugeln formen und mit Lutscherstiel versehen. Alles für etwa 30 Minuten in den Kühlschrank stellen.

2. Die Kuvertüre im Wasserbad durch Erhitzen vorbereiten (siehe Anleitung S. 20). Kugeln aus dem Kühlschrank nehmen und in die Kuvertüre eintauchen. Während die Schokolade noch flüssig ist mit Mandeln verzieren und zum Trocknen in eine Halterung stellen.

Für eine andere Form der Cake-Pops kann der Kuchen-Gelee-Teig dick ausgerollt und mit Ausstechformen bearbeitet werden.

CAKE-POP-PIES

Für 4 Portionen:

100 g Mehl
100 g weiche Butter
1 Prise Salz
20 ml Wasser
1 Eigelb
Schokoladencreme (z. B. Nutella) oder Marmelade

Holzstiele
1 Nudelholz
Halterung zum Trocknen
1 Rührschüssel
Handrührgerät

1. Den Ofen auf 175 °C Umluft vorheizen. Mehl, Butter, Salz und Wasser mit einem Handrührgerät in einer Rührschüssel zu einem gleichmäßigen Teig verquirlen, dann eine Stunde in den Kühlschrank stellen. Anschließend den Teig ausrollen und ca. 3 mm dünne Kreise ausschneiden oder Ausstechform nutzen.

2. Die Ränder der Kreise mit etwas Eigelb bestreichen, in die Mitte die gewählte Füllung geben und einen Holzstiel in den Teig drücken. Einen zweiten Kreis auflegen und die Ränder zum Beispiel mit einer Gabel zusammendrücken.

3. Die Cake-Pops mit Eigelb bestreichen, danach für 25 Minuten backen.

WAFFELBECHER-KÜCHLEIN

Für 16 Stück:

85 g weiche Butter
50 g Zucker
1 Pck. Vanillezucker
1 Ei
100 g Mehl
2 Msp. Backpulver
2 EL Milch
1 Pck. Waffelbecher
Schokolade nach Wahl zum Schmelzen
Toppings nach Wahl, z. B. bunte Streusel, kl. Schokolinsen

1 Rührschüssel
Handrührgerät
1 Backblech

1. Den Ofen auf 160 °C Umluft vorheizen. In einer Rührschüssel die Butter mit einem Handrührgerät schaumig schlagen, dann Zucker und Vanillezucker unterrühren, bis diese sich aufgelöst haben. Zuerst das Ei hinzufügen, dann Mehl mit Backpulver und schließlich die Milch hinzugeben. Weiterrühren, bis der Teig cremig ist.

2. Ein Backblech mit Backpapier auslegen, Waffelbecher darauf verteilen und diese mit einem Teelöffel je zu ca. ⅓ mit Teig befüllen. 12-15 Minuten im Ofen backen. Stäbchenprobe durchführen und aus dem Ofen nehmen, wenn der Teig fertig ist. Dann abkühlen lassen.

3. Währenddessen die Schokolade in kleine Stücke brechen und in einem Wasserbad schmelzen (siehe Anleitung S. 20). Die Schokolade auf den abgekühlten Küchlein verteilen und mit Toppings der Wahl dekorieren.

VEGANE WAFFELN

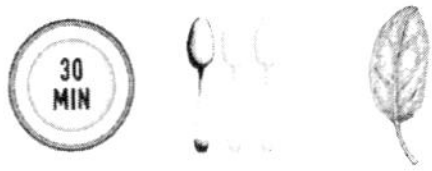

Für 12 kleine Waffeln:

300 g Mehl
50 g brauner Zucker
1 TL Backpulver
1 TL Vanillezucker
200 ml Hafermilch
20 ml Öl
100 ml Sprudelwasser
1 Prise Salz
vegane Margarine zum Einfetten

Toppings nach Wahl, z. B. Früchte, Eis, Puderzucker

1 Rührschüssel
Waffeleisen
Handrührgerät
1 Kelle

1. Mit dem Handrührgerät alle Zutaten zusammen in der Rührschüssel zu einem glatten Teig verrühren.

2. Das Waffeleisen mit der Margarine einfetten und langsam erhitzen.

3. Je eine Kelle Waffelteig in das Waffeleisen geben und die Waffeln ca. 3 Minuten goldbraun backen. Anschließend mit Toppings servieren.

Mit etwas Back-Kakao im Teig werden die Waffeln schnell zu leckeren Schokowaffeln.

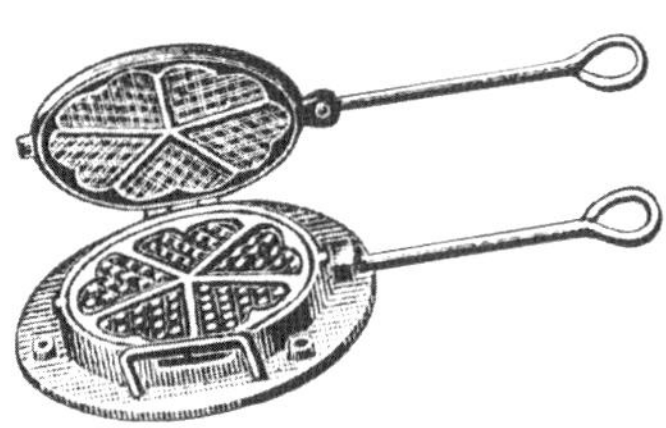

BLAUBEER-SCHOKO-PANCAKES

45 MIN

Für 12 Stück:

4 EL Zucker
240 g Mehl
4 TL Backpulver
2 EL Kakaopulver
2 reife Bananen
2 TL Vanilleextrakt
2 EL Öl
200 ml Pflanzendrink
1 Schuss Sprudelwasser
200 g Blaubeeren
Öl zum Anbraten

Für das Topping:
frische Beeren nach Wahl
Schokosoße

1 Rührschüssel
Handrührgerät
1 Pfanne

1. Zucker, Mehl, Backpulver und Kakaopulver in einer Rührschüssel mischen.

2. Die Bananen fein zerdrücken, mit Vanilleextrakt, Öl, Pflanzendrink und Sprudelwasser mischen und in die Schüssel geben. Die Menge kurz mit einem Handrührgerät vermengen und anschließend 10 Minuten stehen lassen. Danach die Blaubeeren waschen, abtupfen und unterheben.

3. Etwas Öl in einer Pfanne erhitzen und ca. 2 EL Teig pro Pancake in die Pfanne geben. Die Pancakes bei mittlerer Hitze etwa 2-3 Minuten von jeder Seite backen, bis sie goldbraun sind.

4. Den Vorgang so lange wiederholen, bis der Teig aufgebraucht ist. Die Pancakes mit frischen Beeren und Schokosoße servieren.

Fertige Pancakes im Backofen bei niedrigster Temperatur warmhalten und heiß servieren.

ERDNUSS-BROWNIES

Für 1 Blech:

250 g Mehl
300 g Zucker
80 g Kakaopulver
1 TL Backpulver
1 TL Salz
1 Pck. Vanillezucker
240 ml Öl
240 ml Wasser
80 g Erdnussmus
100 g Zartbitter-schokolade

1 Rührschüssel
Handrührgerät

1. Den Backofen auf 180 °C Ober-/Unterhitze vorheizen. Bis auf die Schokolade alle trockenen Zutaten mit Öl und Wasser in einer Rührschüssel miteinander vermengen, dazu ein Handrührgerät nutzen. Den Teig auf einem mit Backpapier ausgelegten Backblech verteilen.

2. Das Erdnussmus mit einem Löffel auf den Teig geben und etwas unterziehen. Für etwa 20 Minuten im Ofen backen und anschließend abkühlen lassen.

3. Mit geschmolzener Schokolade garnieren und anschließend in Portionen schneiden.

Damit der Teig noch saftiger wird, einfach das Erdnussmus durch eine fruchtige Marmelade ersetzen.

ZIMTSCHNECKEN

60 MIN

Für 15 Stück:

300 ml warme Milch
4 EL Zucker
½ Würfel frische Hefe
75 g zerlassene Butter
1 Ei
2 TL Salz
530 g Mehl
Öl für die Schüssel

Für die Füllung:
65 g weiche Butter
40 g Zucker
2 TL Zimt

Für die Glasur:
1 Eigelb
Puderzucker

2 Rührschüsseln
Handrührgerät
1 Backblech
1 Nudelholz

1. In einer Rührschüssel erst Zucker und Hefe in der Milch auflösen, dann Butter, Ei, Salz und die Hälfte des Mehls mit dem Handrührgerät mit Knethaken vermengen. Anschließend das restliche Mehl dazugeben und verkneten. Den Teig in einer geölten Schüssel für ca. 60 Minuten zugedeckt bei Raumtemperatur ruhen lassen.

2. Den Teig nochmals kurz durchkneten, auf einer bemehlten Fläche zu einem großen Rechteck ausrollen und mit Butter bestreichen. Zucker und Zimt mischen und gleichmäßig auf dem Teig verteilen. Den Teig vorsichtig von der kurzen Seite her einrollen. Zum Schluss in etwa 3 cm breite Schnecken schneiden und auf einem Blech mit Backpapier erneut für 30 Minuten ruhen lassen, währenddessen den Ofen auf 190 °C Ober-/Unterhitze vorheizen.

3. Die fertigen Zimtschnecken vor dem Backen mit Eigelb bestreichen und anschließend für 15-20 Minuten im Ofen backen. Anschließend mit Puderzucker bestreuen.

ROSINENSCHNECKEN

Für 12 Stück:

500 g Mehl
200 ml lauwarme Milch
80 g Zucker
140 g weiche Butter
½ Würfel Hefe
1 Ei
1 TL Zimt
3 EL Rosinen

Für das Topping:
3 EL Puderzucker
1 EL Zitronensaft
1-2 TL Wasser

2 Rührschüsseln
1 Backblech
1 Nudelholz

1. Mehl, 60 g Zucker, 80 g Butter und Ei in eine Rührschüssel geben. In einer zweiten Schüssel die Hefe in der Milch auflösen. Die Mischung zur ersten Schüssel hinzufügen und alles zu einem weichen Teig verkneten. Anschließend den Teig zugedeckt für 30 Minuten ruhen lassen.

2. Den Teig gleichmäßig zu einem großen Rechteck ausrollen. Die restliche Butter mit übrigem Zucker sowie Zimt vermischen und den Teig damit bestreichen. Dann die Rosinen darauf verteilen. Von der langen Seite beginnend aufrollen. Den Teig in 12 gleich breite Streifen schneiden und auf dem mit Backpapier ausgelegten Backblech verteilen. Die Rosinenschnecken nochmals 10 Minuten ruhen lassen und den Backofen auf 180 °C Ober-/Unterhitze vorheizen

3. Nochmals für ca. 15 Minuten im Ofen backen. Aus Puderzucker, Zitronensaft und Wasser eine Glasur herstellen und die ausgekühlten Schnecken damit bestreichen.

SCHOKOLADIGE BRÖTCHEN

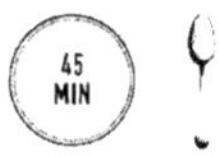

Für 10 Stück:

250 g Speisequark
50 ml Milch
1 Ei
50 ml Öl
100 g Zucker
300 g Mehl
3 TL Backpulver
75 g Schokotröpfchen

1 Rührschüssel
Handrührgerät
1 Backblech

1. In einer Rührschüssel alle Zutaten bis auf die Schokotröpfchen mit einem Handmixer mit Knethaken zu einem glatten Teig verkneten. Dann die Schokotröpfchen untermischen.

2. Aus dem Teig kleine Brötchen formen und sie auf einem mit Backpapier ausgelegten Blech verteilen. Die Brötchen für etwa 20 Minuten Ober-/Unterhitze bei 180 °C backen und anschließend servieren.

Schmeckt besonders gut mit frischer Marmelade!

MÜSLIRIEGEL

Für 1 kl. Auflaufform:

150 g feine Haferflocken
120 g gemahlene Nüsse nach Wahl
50 g ganze Nüsse nach Wahl
50 g Kokosraspeln
4 EL Honig
100 g gehackte Datteln
3 EL Öl als Topping

1 Pfanne

1. Haferflocken, Nüsse und Kokosraspel in einer heißen Pfanne trocken anrösten, bis sie leicht gebräunt sind und duften. Währendessen den Ofen auf 175 °C Umluft vorheizen.

2. Den Honig und die Datteln zu den trockenen Zutaten geben und alles gut vermischen. Esslöffelweise Wasser zu der Masse geben, sodass sie geschmeidig wird und gut zusammenklebt. Das Ganze dann in eine mit Backpapier ausgelegte Auflaufform drücken und für 20-25 Minuten backen.

3. Auskühlen lassen und in Riegel schneiden.

KUCHEN & TORTEN

fruchtig bis schokoladig

PIÑATA-PARTYKUCHEN

90 MIN

Für 1 Springform (Ø 26 cm):

250 g weiche Butter
250 g Zucker
1 Pck. Vanillezucker
4 Eier
380 g Mehl
2 TL Backpulver
80 g Kakao
½ TL Zimt
250 ml Milch

Für die Glasur:

450 g Zartbitterkuvertüre
225 g Sahne

Für das Topping:

Süßigkeiten nach Belieben

1 Topf
3 Rührschüsseln
Handrührgerät

1. Den Ofen auf 180 °C Ober-/Unterhitze vorheizen und Kuchenform mit Backpapier auslegen. In einer Schüssel Butter, Zucker und Vanillezucker mit dem Handrührgerät schaumig schlagen, dann Eier unterrühren. In einer zweiten Schüssel Mehl, Backpulver, Kakao und Zimt vermischen und wechselweise mit Milch zur Buttermischung geben. So lange verrühren, bis ein glatter Teig entsteht.

2. Den Teig in die Form füllen und für ca. 50 Minuten backen. Danach gut abkühlen lassen.

3. Kuvertüre währenddessen hacken und Sahne in einem Topf erhitzen. Kuvertüre in eine extra Schüssel geben, dann die Sahne darauf gießen. Mischung für etwa 3 Minuten stehen lassen. Das kalte Topping schließlich aufschlagen.

4. Den Teig aus der Form nehmen und einen Kreis in der Mitte ausschneiden. Süßigkeiten in das Loch geben und dann den halbierten Deckel wieder auflegen. Alles mit der Glasur bestreichen und mit Süßigkeiten der Wahl belegen.

HEIDELBEER-KOKOS-CRUMBLE

45 MIN

Für 1 Auflaufform (ca. 20×30 cm):

50 g Mehl
30 g Zucker
50 g feine Kokosraspeln
50 g kalte Butter
400 g Heidelbeeren
1 gehäufter EL Zucker

1 Rührschüssel

1. Mehl, Zucker und Kokosraspeln in einer Rührschüssel vermengen und die Butter in ca. 2 cm großen Würfeln hinzugeben. Zu einem krümeligen Teig verkneten. Teig in Frischhaltefolie wickeln und für 15 Minuten in den Gefrierschrank oder 30 Minuten in den Kühlschrank stellen.

2. Die Heidelbeeren waschen, trocken tupfen und in die Auflaufform füllen. Alles mit Zucker bestreuen und den Ofen auf 180 °C Umluft vorheizen.

3. Die Kokosraspel-Mischung über den Heidelbeeren zu Streuseln zerbröseln. Für 25-30 Minuten backen, bis die Streusel goldbraun sind. Aus dem Ofen nehmen und abkühlen lassen.

ZITRONENKUCHEN MIT MASCARPONE-BEEREN-TOPPING

Für 1 Kastenform (25×11 cm):

2 Bio-Zitronen
185 g weiche Butter
185 g Zucker
1 Pck. Vanillezucker
1 Prise Salz
3 Eier
2 TL Backpulver
200 g Mehl
Mehl für die Form
Butter zum Einfetten

Für das Topping:
150 g Mascarpone
150 g Magerquark
2 EL Zucker
225 g frische Beeren

3 Rührschüsseln
Handrührgerät

1. Die Zitronen waschen und die Schale von 1 ½ Zitronen abreiben. Beide auspressen, sodass mindestens 75 ml Saft herauskommen. Eine leere Zitronenhälfte mit Schale für später aufheben.

2. Den Ofen auf 150 °C Umluft vorheizen. In einer Schüssel Butter, Zucker, Vanillezucker, Salz und Zitronenschale mit einem Handrührgerät cremig rühren, dann Eier hinzufügen.

3. Backpulver und Mehl vermengen und dann abwechselnd mit dem Zitronensaft unter die Butter-Mischung rühren. Fertigen Teig in gefettete und bemehlte Kuchenform füllen und für etwa 45–55 Minuten backen. Nach 25 Minuten den Teig im Ofen mit Backpapier bedecken.

4. Mascarpone, Quark und Zucker zu einer dickflüssigen Creme schlagen und auf dem aus der Form gestürzten Kuchen verteilen. Etwa 30 Minuten kühl stellen. Die Beeren säubern und den Kuchen damit dekorieren. Gern noch etwas zerriebene Zitronenschale auf dem Kuchen verteilen.

BANANENBROT

Für 1 Kastenform (30×11 cm):

250 g glutenfreies Hafermehl
50 g Vollrohrzucker
1 TL Backpulver
1 TL Backnatron
1 TL Vanillepulver
½ TL Salz
100 g geröstete Walnussstücke oder Schokoladensplitter

60 ml glutenfreie Hafermilch
60 ml Olivenöl
5 sehr reife Bananen

2 Rührschüssel
Handrührgerät

1. Den Ofen auf 175 °C Ober-/Unterhitze vorheizen. Alle trockenen Zutaten in einer Rührschüssel vermengen. In einer weiteren Schüssel Hafermilch, Olivenöl und Bananen mit dem Handrührgerät vermischen, zur Mehl-Mischung geben und mit den Knethaken des Geräts alles gut durchkneten.

2. In einer mit Backpapier ausgekleideten Form für etwa 60 Minuten backen. Das Bananenbrot vor dem Schneiden vollständig auskühlen lassen.

VEGANER MARMOR-GUGELHUPF

2 EL Apfelessig
500 ml + 2-3 EL zimmertemperierte Hafermilch
200 g weiche vegane Butter
350 g Zucker
2 Pck. Vanillezucker
1 Mark aus Vanilleschote
430 g Mehl
2 TL Backpulver
½ TL Backnatron
1 Prise Salz
30 g Backkakao
vegane Butter zum Einfetten
100 g vegane Kuvertüre

1 Gugelhupfform
3 Rührschüsseln
Handrührgerät

1. Den Ofen auf 170 °C Umluft vorheizen. Apfelessig und 500 ml Hafermilch mischen und für 5 Minuten stehen lassen. Butter, Zucker, Vanillezucker und Vanillemark in einer Schüssel schaumig schlagen. In einer zweiten Schüssel Mehl, Backpulver, Natron und Salz vermengen und zusammen mit der Hafermilch zu der Butter-Mischung geben. Alles mit dem Rührgerät verrühren, bis ein gleichmäßiger Teig entstanden ist.

2. Die Hälfte des Teigs in eine Schüssel füllen und Backkakao dazugeben. Zum Schokoladenteig 2-3 EL Hafermilch hinzufügen, bis dieser die gleiche Konsistenz wie der Teig ohne Kakao hat.

3. Die Kuchenform einfetten und zuerst den hellen Teig in die Form geben. Danach den Kakaoteig dazugeben. Kuchen für 60 Minuten im Ofen backen. Danach abkühlen lassen und währenddessen die Glasur zubereiten, indem die Kuvertüre gehackt und im Wasserbad geschmolzen wird (siehe Anleitung S. 20). Den Kuchen dann damit verzieren.

FRUCHTIGER NAKED CAKE

Für 1 Springform (Ø 26 cm):

Butter zum Einfetten
120 g weiche Butter
220 g Zucker
3 Eier
220 g Mehl
2 TL Backpulver
1 Prise Salz
120 ml Milch
400 g Sahne
2 Pck. Sahnesteif

<u>Für das Topping:</u>
2 EL Aprikosenmarmelade
1 Nektarine
50 g Himbeeren
50 g Brombeeren

2 Rührschüsseln
Handrührgerät

1. Den Ofen auf 180 °C Ober-/Unterhitze vorheizen. Die Backform einfetten und den Boden mit Backpapier auslegen. Butter und Zucker in einer Rührschüssel mit einem Handrührgerät cremig schlagen, dann Eier dazugeben. In einer zweiten Schüssel Mehl, Backpulver und Salz vermengen. Im Wechsel mit der Milch zu der Butter-Mischung geben.

2. Den Teig in die Springform füllen und für etwa 40 Minuten backen. Nachdem er ausreichend abgekühlt ist, aus der Form nehmen und zweimal durchschneiden, damit 3 Tortenebenen entstehen.

3. Während des Abkühlens Sahne und Sahnesteif schlagen, danach Aprikosenmarmelade langsam unterziehen. Tortenboden auf eine Kuchenplatte legen und mit Sahne bestreichen. Anschließend die zweite und dritte Ebene darauf stapeln und jeweils mit Sahne bestreichen. Früchte waschen, abtrocknen und auf dem Kuchen anrichten.

SAHNEROLLE MIT ERDBEEREN

45 MIN

Für den Boden:
4 Eier
4 EL heißes Wasser
125 g Zucker
75 g Mehl
50 g Speisestärke
1 Msp. Backpulver

Für die Füllung:
500 g Erdbeeren
500 g Sahne
75 g Puderzucker
2 Pck. Sahnesteif
1 Pck. Vanillezucker

1 Geschirrtuch
4 Rührschüsseln
Handrührgerät
1 Backblech

1. Den Ofen auf 200 °C Ober-/Unterhitze vorheizen. Eier trennen, Eigelbe, Wasser und Zucker mit einem Handrührgerät schaumig schlagen. In einer zweiten Schüssel Mehl, Speisestärke und Backpulver verrühren und der Ei-Mischung hinzufügen. Eiweiß zu Schnee schlagen und dazugeben. Den Teig auf ein hohes, mit Backpapier ausgelegtes Backblech geben.

2. Den Teig für ca. 10-15 Minuten backen. Fertigen Teig danach auf ein sauberes Geschirrtuch stürzen, das Backpapier nicht abziehen. Zum Auskühlen leicht zusammenrollen.

3. Erdbeeren waschen und einige als Deko zur Seite legen. Die restlichen Früchte vierteln. Sahne mit Puderzucker, Sahnesteif und Vanillezucker steif schlagen. Die Rolle vorsichtig ausrollen und das Papier abziehen. Mit ⅔ der Sahne-Mischung bedecken und Erdbeerviertel darauf streuen. Wieder zusammenrollen und außen mit Sahne bestreichen. Mit übriger Sahne und Erdbeeren dekorieren.

APFELKUCHEN

Für 1 Springform (Ø 26 cm):

Butter zum Einfetten
100 g weiche Butter
150 g Mehl
75 g Zucker
1 Ei
1 Glas Apfelmark

1 Rührschüssel
Handrührgerät

1. Den Ofen auf 190 °C Ober-/Unterhitze vorheizen und die Springform einfetten. Alle Zutaten außer das Apfelmark in einer Rührschüssel mit den Knethaken des Rührgeräts miteinander verkneten und ⅔ des Teigs in die Springform füllen. Einen Rand formen, damit die Füllung später nicht auslaufen kann. Ein bisschen Teig übrig lassen.

2. Das Apfelmark auf dem Teig verstreichen. Übrigen Teig als Streusel zerbröseln, auf das Apfelmark geben und im Ofen etwa 35 Minuten backen.

BEERENKUCHEN VOM BLECH

45 MIN

Für 1 Blech:

250 g weiche Butter
220 g Zucker
4 Eier
250 g Mehl
2 TL Backpulver
1 Prise Salz
Butter zum Einfetten
300 g Brombeeren
300 g Heidelbeeren
80 g weiße Schokolade

2 Rührschüsseln
Handrührgerät

1. Den Ofen auf 200 °C Ober-/Unterhitze vorheizen. Butter und Zucker mit einem Handrührgerät in einer Rührschüssel schaumig schlagen, dann Eier dazugeben. In einer zweiten Schüssel Mehl, Backpulver und Salz vermengen und zu der Butter-Mischung geben. Das Backblech mit Butter einfetten und Teig darauf verstreichen.

2. Die Früchte waschen und abtupfen, dann auf dem Teig verteilen. Schokolade fein hacken und darüber streuen. Den Teig für 25-30 Minuten backen.

SCHOKOTARTE

Für 1 Springform (Ø 26 cm):

Butter zum Einfetten
200 g Kochschokolade
2 EL Wasser
100 g weiche Butter
160 g Zucker
3 Eier
50 g Mehl

2 Rührschüsseln
Handrührgerät

1. Den Ofen auf 180 °C Umluft vorheizen. Eine Springform mit Backpapier auslegen und die Ränder mit etwas Butter einfetten. Schokolade und Wasser in einer großen Rührschüssel schmelzen, danach Butter und Zucker dazugeben und rühren, bis eine glatte Masse entstanden ist.

2. Eier trennen, das Eiweiß mit einem Handrührgerät zu Schnee schlagen. Eigelb und Mehl der Schokoladen-Wasser-Mischung hinzufügen und unterrühren. ⅓ der Schneemasse dazugeben, dann wieder gut vermengen. Danach die restlichen ⅔ der Eimasse unterheben.

3. Den Teig in die Springform füllen und für 30 Minuten backen.

Den Kuchen am Ende mit Puderzucker dekorieren und dabei mit einer Schablone schöne Muster zaubern.

SÄGESPÄNEKUCHEN

45 MIN

Für 1 Blech:

150 g Mehl
1 Pck. Backpulver
50 g Kakaopulver
175 g weiche Butter
175 g Zucker
1 Pck. Vanillezucker
1 Prise Salz
6 Eier

Für den Sägespäne-Belag:
75 g Butter
75 g Zucker
100 g Kokosraspeln

Für die Füllung:
2 Pck. Vanille-Paradiescreme
400 g Schmand
400 g kalte Sahne

2 Rührschüsseln
Handrührgerät
1 Pfanne

1. Den Ofen bei Ober-/Unterhitze auf 180 °C vorheizen. In einer Rührschüssel Mehl, Backpulver und Kakao vermengen. Butter, Zucker, Vanillezucker, Salz und Eier langsam dazugeben und mit dem Rührgerät zu einem gleichmäßigen Teig verrühren. Die Masse auf ein mit Backpapier ausgelegtes Backblech geben und glatt streichen. Ca. 20 Minuten backen. Danach abkühlen lassen.

2. Butter in einer Pfanne schmelzen, Zucker und Kokosraspeln dazugeben und leicht anrösten. Dabei stetig umrühren. Anschließend auf einem Teller abkühlen lassen.

3. In einer Schüssel Paradiescreme, Schmand und Sahne schaumig schlagen. Die Masse auf dem abgekühlten Kuchenboden verstreichen und die Kokosraspel-Mischung als Topping darauf verteilen.

MANDELKUCHEN MIT WEISSER SCHOKOLADE

Für 1 Springform (Ø 26 cm):

Butter zum Einfetten
2 EL Milch
200 g weiße Schokolade
2 Bio-Zitronen
180 g weiche Butter
130 g Zucker
4 Eier
1 TL Zitronenextrakt
320 g Mandelmehl
100 g Mandelblättchen

1 Topf
2 Rührschüsseln
Handrührgerät

1. Den Ofen auf 180 °C Umluft vorheizen. Die Springform mit Backpapier auslegen und den Rand mit etwas Butter einfetten. Die Milch im Topf erhitzen, die Schokolade darin zerlassen und anschließend abkühlen lassen. Schale der Zitronen abreiben, eine Zitrone auspressen.

2. In einer Rührschüssel die Butter und 100 g Zucker mit einem Handrührgerät schaumig schlagen. Eier trennen. Geriebene Zitronenschale, Eigelb und Zitronenextrakt mit der Butter-Mischung vermengen. Auch Schokolade und Zitronensaft unterrühren. Schließlich das Mandelmehl unterheben.

3. Das Eiweiß steif schlagen und den übrigen Zucker dazugeben. Den Eischnee vorsichtig unter den Teig heben. Den Teig in die Backform füllen, mit Mandelblättchen bestreuen. 40-45 Minuten backen.

VANILLEKUCHEN

Für 1 Springform (Ø 26 cm):

3 Eier
170 g Zucker
160 g Mehl
2 TL Backpulver
170 g zerlassene halbgesalzene Butter
1 Vanilleschote
Butter zum Einfetten
Mehl für die Form

2 Rührschüsseln
Handrührgerät

1. Den Ofen auf 180 °C Ober-/Unterhitze vorheizen. Eier und Zucker mit dem Handrührgerät in einer Rührschüssel schaumig schlagen. Mehl und Backpulver in einer kleinen Schüssel vermengen und zu der Eier-Mischung geben. Jetzt die Butter einrühren. Vanilleschote halbieren, das Vanillemark auskratzen und zur Mischung dazugeben.

2. Den Teig in eine eingefettete und mit Mehl bestäubte Springform geben. 40 Minuten backen.

Die leeren Vanilleschoten können in Zucker oder Puderzucker gesteckt wiederverwertet werden. Nach ein paar Tagen entsteht ein natürlicher Vanillezucker.

CORNFLAKESKUCHEN

45 MIN

Für 1 Blech:

250 g Sahne
440 g Zucker
4 Eier
500 g Mehl
1 Pck. Backpulver
Butter zum Einfetten
180 g kalte Butter
3 EL Milch
750 g Cornflakes

2 Rührschüsseln
Handrührgerät
1 Topf

1. Den Ofen auf 200 °C Ober-/Unterhitze vorheizen. Sahne mit einem Handrührgerät in einer Rührschüssel halbsteif schlagen. Nach und nach 250 g Zucker dazugeben, dann kurz wieder schlagen. Eier hinzufügen. Mehl und Backpulver in einer zweiten Schüssel vermengen und unterrühren.

2. Den Teig auf ein gefettetes Backblech geben und 10 Minuten vorbacken. In einem Topf die Butter mit dem restlichen Zucker und der Milch aufkochen. Die Cornflakes hinzufügen. Die Mischung nach 10 Minuten auf dem Teig verstreichen und weitere 10 Minuten backen.

BROT & BRÖTCHEN

für jeden Tag

BAUERNBROT

500 g Mehl
1 Pck. Trockenhefe
300 ml lauwarmes Wasser
½ TL Zucker
10 g Salz

1 Rührschüssel
1 Backblech

1. Alle Zutaten in einer Rührschüssel miteinander vermischen und 15 Minuten lang zu einem glatten Teig kneten. Für 30–45 Minuten zugedeckt an einem warmen Ort ruhen lassen. In der Zeit wird er sein Volumen verdoppeln.

2. Den Ofen auf 220 °C Ober-/Unterhitze vorheizen. Den Teig nach seiner Ruhezeit wieder durchkneten und nach Wunsch formen. Auf ein mit Backpapier ausgelegtes Blech geben und für ca. 45 Minuten backen. Danach auf das Brot klopfen. Klingt es hohl, ist es fertig.

HAFERBROT

Für 1 Kastenform (25×11 cm):

250 g Dinkelvollkornmehl

250 g zarte Haferflocken

100 g gehackte Walnüsse

50 g Leinsamen

1 Pck. Trockenhefe

2 EL Apfelessig

500 ml Wasser

2 TL Salz

2 EL kernige Haferflocken

1 Rührschüssel

1. Mehl, Haferflocken, Walnüsse, Leinsamen und Hefe in einer großer Rührschüssel vermengen. Essig, Wasser und Salz dazugeben und alles kneten, bis ein gleichmäßiger Teig entstanden ist.

2. Eine mit Backpapier ausgelegte Kastenform mit kernigen Haferflocken ausstreuen, dann den Teig in die Form füllen. Das Brot im Ofen bei 200 °C Ober-/Unterhitze für 70 Minuten backen.

Den Ofen bei diesem Rezept nicht vorheizen!

FRÜCHTEBROT

Für 1 Kastenform (30×11 cm):

450 g Trockenfrüchte
360 g Apfelmus
250 g gemahlene Mandeln
60 g Sonnenblumenkerne
60 g geschrotete Leinsamen
2 TL Zimt
2 TL Ingwer

2 Rührschüsseln

1. Den Ofen auf 175 °C Ober-/Unterhitze vorheizen. Die Trockenfrüchte in kleine Stücke schneiden und in einer Rührschüssel mit dem Apfelmus vermengen. Einige Minuten ziehen lassen. In einer separaten Schüssel die restlichen Zutaten vermischen und zu der Trockenfrucht-Mischung geben.

2. Gut durchrühren, in eine mit Backpapier ausgelegte Kastenform geben und ca. 50 Minuten backen. Danach gut abkühlen lassen.

CIABATTA

500 g Mehl
2 Pck. Trockenhefe
3 EL Öl
2 TL Salz
350 ml lauwarmes Wasser
etwas Mehl zum Bestäuben
1 Rührschüssel
1 Backblech

1. Mehl, Hefe, Öl, Salz und Wasser in einer Rührschüssel vermengen und kneten, bis ein fester Teig entstanden ist. Für eine Stunde zugedeckt ruhen lassen.

2. Den Teig mit Mehl bestäuben, auf der Arbeitsfläche erneut durchkneten und zu zwei Rollen formen. Die Rollen an beiden Enden nehmen und ineinader verdrehen.

3. Auf ein mit Backpapier ausgelegtes Backblech legen, mit einem Tuch bedecken und wieder 30 Minuten ruhen lassen. Den Ofen währenddessen auf 220 °C Ober-/Unterhitze vorheizen. Das Brot danach 20-25 Minuten backen.

Für leckere Varianten dem Teig Kräuter, Oliven oder getrocknete Tomaten hinzufügen.

SCHNELLE BRÖTCHEN

45 MIN

Für 8 Stück:

320 g Mehl
1 Pck. Backpulver
1 EL Zucker
½ TL Salz
50 g weiche Butter
1 Ei
200 g Joghurt
etwas Milch zum Bestreichen
etwas Mehl zum Bestreuen

1 Rührschüssel
1 Backblech
Handrührgerät

1. Den Ofen auf 180 °C Ober-/Unterhitze vorheizen, das Backblech mit Backpapier auslegen. In einer Rührschüssel Mehl, Backpulver, Zucker und Salz vermengen, dann Butter, Ei und Joghurt hinzufügen und alles mit den Knethaken des Rührgeräts verkneten.

2. Den Teig auf einer leicht bemehlten Arbeitsfläche in ca. 8 Portionen teilen und zu Kugeln formen. Mit Milch bepinseln und im Ofen etwa 20 Minuten backen.

BRITISCHE SCONES

45 MIN

Für 12 Stück:

300 g Mehl
4 TL Backpulver
40 g Zucker
1 Msp. Salz
125 g kalte Butter
1 Ei
80 g Sahne
60 ml Milch
etwas Mehl zum Ausrollen

2 Rührschüsseln
Handrührgerät
1 Backblech
1 Nudelholz

1. Mehl, Backpulver, Zucker und Salz in einer Rührschüssel vermengen. Butter in kleine Würfel schneiden und mit der Mehl-Mischung verreiben, bis ein sandiger Teig entsteht. Den Teig für 10 Minuten in den Kühlschrank stellen.

2. In einer weiteren Schüssel Ei, Sahne und Milch mit einem Handrührgerät verquirlen und ebenfalls 10 Minuten kalt stellen.

3. Die Inhalte beider Schüsseln vermischen ohne zu kneten, damit der Teig die richtige Konsistenz behält, dann für 60 Minuten in den Kühlschrank stellen. Ofen auf 180 °C Ober-/Unterhitze vorheizen und ein Backblech mit Backpapier auslegen.

4. Mehl auf der Arbeitsplatte verteilen und den Teig darauf etwa 2,5 cm dick ausrollen, danach Kreise ausschneiden und auf dem Backblech verteilen. Scones für 8 Minuten backen. Dann Ofen auf 160 °C Ober-/Unterhitze herunterschalten und für weitere 7 Minuten backen.

HERZHAFTES GEBÄCK

würzig und deftig

PESTO-BLÄTTERTEIGSCHNECKEN

Für 2 Sorten und ca. 30 Stück:

- *2 Pck. zimmertemperierter Blätterteig*
- *1 Ei*
- *3 EL rotes Pesto*
- *3 EL grünes Pesto*
- *2 EL geriebener Parmesan*
- *30 g Sahne*

- *1 Backblech*

1. Den Ofen auf 160 °C Umluft vorheizen. Ein Backblech mit Backpapier auslegen. Blätterteige ausrollen, Ei trennen und die Teige an den Rändern mit Eiweiß bestreichen.

2. Den ersten Blätterteig mit rotem und den zweiten mit grünem Pesto bestreichen, dann Parmesan darüber streuen. Die Teige an der langen Seite dicht zusammenrollen. Die Rollen in ca. 1 cm dicke Schnecken schneiden und mit genügend Abstand auf dem Backblech verteilen.

3. Sahne und Eigelb miteinander verrühren und die Blätterteigschnecken mit der Mischung bestreichen. Die Blätterteigschnecken im Ofen 15-20 Minuten goldgelb backen.

KÄSESTANGEN

Für 8-10 Stück:

1 Pck. Blätterteig (Kühlregal)

200 g Crème fraîche

100 g geriebener Käse

1 Backblech

1. Den Ofen auf 180 °C Ober-/Unterhitze vorheizen und Blätterteig ausrollen. Eine Blätterteighälfte von der kurzen Seite aus bis zur Mitte des Teiges mit 100 g Crème fraîche bestreichen, dann mit 50 g Käse bestreuen.

2. Die unbelegte Teighälfte über den belegten Teil klappen. Davon wieder eine Teighälfte mit der restlichen Crème fraîche bestreichen und den Rest vom Käse darüber verteilen.

3. Jetzt wieder die unbelegte Teighälfte über den belegten Teil klappen und in 8-10 ca. 2 cm dicke Streifen schneiden. Die einzelnen Stangen spiralförmig eindrehen.

4. Die Stangen mit genügend Abstand auf einem mit Backpapier bedeckten Backblech verteilen und im Ofen 25 Minuten knusprig backen.

Der Blätterteig lässt sich besser auf der mitgelieferten Folie umklappen.

FRITTATA-GEMÜSE-MUFFINS

45 MIN

Für 9 Stück:

6 Eier
3 EL Milch
Salz & Pfeffer
Öl zum Einfetten
100 g Räucher-Tofu
1 vegetarische Snack-salami Paprika
200 g gemischtes Gemüse z. B.:
- rote Paprika
- rote Zwiebel
- Cherrytomaten
- Zucchini
- Mais
1 Handvoll Basilikum-blättchen
2 EL Kürbiskerne

1 Muffinblech
1 Rührschüssel

1. Den Backofen auf 180 °C Ober-/Unterhitze vorheizen. In einer Rührschüssel Eier und Milch verquirlen und mit Salz und Pfeffer abschmecken. Die Muffinmulden einfetten. Tofu in 2 cm große Würfel und Snacksalami in Scheiben schneiden. Das Gemüse waschen und auch in 2 cm große Würfel schneiden.

2. Das Muffinblech mit den Zutaten füllen und danach mit Ei-Milch-Mischung übergießen. Mit fein geschnittenem Basilikum und Kürbiskernen bestreuen.

3. Die Muffins für ca. 20 Minuten backen. Danach gut abkühlen lassen.

REIBEKUCHEN-MUFFINS

Für 12 Stück:

1½ kg mehligkochende Kartoffeln

250 g geriebener Gouda

4 Eier

1 TL Salz

½ TL Muskatnusspulver

Butter zum Einfetten

1 Küchenreibe

1 Rührschüssel

1 Muffinblech

1. Den Ofen auf 180 °C Umluft vorheizen.

2. Die Kartoffeln schälen, unter Wasser abspülen, mit einer Küchenreibe raspeln und ein wenig ausdrücken. In einer Rührschüssel ¾ des geriebenen Goudas mit Kartoffelraspeln und Eiern vermengen. Mit Salz und Muskatnusspulver würzen.

3. Das Muffinblech mit etwas Butter einfetten und mit der Masse befüllen. Den restlichen Gouda darüberstreuen. Im Ofen für 30 Minuten überbacken.

KLEINE BROKKOLI-QUICHES

45 MIN

Für 12 Stück:

Butter zum Einfetten
1 Brokkoli
1 Pck. Mozzarella
12 Sandwich-Toastscheiben
50 ml Milch
6 Eier
½ TL Salz
½ TL schwarzer Pfeffer

1 Muffinblech
1 Rührschüssel

1. Den Ofen auf 170 °C Umluft vorheizen und das Muffinblech einfetten. Brokkoli mit Wasser abspülen und in kleine Röschen schneiden. Mozzarella klein zupfen.

2. Die Toastscheiben auf einem Schneidebrett zu 12 Kreisen in der Größe der Muffinformen zuschneiden. Dann die Formen mit dem Toast auslegen und den Brokkoli darauf verteilen. In einer Rührschüssel Milch, Eier und die Gewürze miteinander verrühren und die Mischung auf den Brokkoli geben.

3. Quiches mit Mozzarella bestreuen und 20 Minuten im Ofen backen.

Übrig gebliebenes Toast zum Beispiel zu Croutons verarbeiten.

VEGETARISCHER FLAMMKUCHEN

Für 1 Blech:

1 Frühlingszwiebel
125 g Cherrytomaten
etwas Rucola zum Bestreuen
50 g Feta
100 g Schmand oder Crème fraîche
30 g Kräuterfrischkäse
1 Prise Salz
1 Prise Pfeffer
1 Pck. Flammkuchen-Teig
1 TL Olivenöl

1 Rührschüssel

1. Den Ofen auf 220 °C Ober-/Unterhitze vorheizen. Das Gemüse waschen.

2. Frühlingszwiebel in kleine Ringe schneiden und Tomaten halbieren. Den Fetakäse 1 cm groß würfeln. Den Schmand mit dem Frischkäse in einer Rührschüssel vermengen und mit Salz und Pfeffer würzen.

3. Den Flammkuchenteig auf einem mit Backpapier ausgelegten Backblech ausrollen und die Schmand-Frischkäse-Creme darauf verteilen. Den Teig mit dem Gemüse belegen und dem Fetakäse bestreuen.

4. Flammkuchen 10-15 Minuten im Ofen backen. Vor dem Servieren mit Rucola versehen und etwas Olivenöl auf den Flammkuchen träufeln. Bei Bedarf mit Salz und Pfeffer nachwürzen.

MEDITERRANER KUCHEN

Für 1 Springform (Ø 26 cm):

Kochendes Wasser
2 Tomaten
2 Prisen Salz
2 Prisen Pfeffer
200 g Mozzarella
8-10 Blätter Basilikum
130 ml Milch
150 g Mehl
1 Pck. Backpulver
3 Eier
80 ml Olivenöl
100 g geriebener Gruyère

1 Pfanne
1 Topf
1 Rührschüssel

1. Den Ofen auf 180 °C Ober-/Unterhitze vorheizen. Tomaten für einige Sekunden in kochendes Wasser geben, um sie danach gut häuten zu können.

2. Tomaten entkernen und zu 1 cm großen Würfeln schneiden. Etwas Öl in einer Pfanne erhitzen und darin die Tomatenwürfel braten, bis die Flüssigkeit entweicht. Mit Salz und Pfeffer würzen. Mozzarella in kleine Stücke schneiden und in eine Schale geben. Tomaten und Basilikum hinzufügen.

3. Die Milch in einem Topf aufwärmen. In der Zwischenzeit Mehl und Backpulver in einer Rührschüssel verrühren, die Eier hinzugeben und alle Zutaten verquirlen.

4. Das Olivenöl mit warmer Milch, Gruyère und der Tomate-Mozzarella-Mischung vermengen. Den Teig in eine Form geben und 45 Minuten im Ofen backen.

KRÄUTER-ZUPFBROT

60 MIN

Für 1 Springform (Ø 28 cm):

450 g Mehl
1 Pck. Trockenhefe
½ TL Zucker
1½ TL Salz
90 ml lauwarmes Wasser
160 ml lauwarme Milch
30 ml Olivenöl
2 TL gehackte Kräuter (z. B. Rosmarin oder Oregano)
etwas Mehl zum Ausrollen
140 g Kräuterbutter
80 g geriebener Käse (z. B. Pizzakäse)

1 Handrührgerät
1 Nudelholz
1 Rührschüssel

1. Mehl, Hefe, Zucker, Salz, Wasser, Milch, Olivenöl und 1 TL Kräuter in einer Rührschüssel für etwa 5 Minuten mit einem Handrührgerät und Knethaken-Aufsatz vermengen. Den Teig abgedeckt für 45 Minuten an einem warmen Ort gehen lassen.

2. Die Springform mit 40 g Kräuterbutter bestreichen. Den Teig auf einer bemehlten Arbeitsfläche ausrollen und mit einem Messer in 25-30 Stücke schneiden. Dafür den Teig halbieren, daraus wieder zwei Hälften schneiden und so weiter.

3. Die Teigstücke zu Kugeln formen und nebeneinander in die Form legen. Den Teig abgedeckt weitere 20 Minuten ruhen lassen. In der Zwischenzeit den Ofen auf 180 °C Ober-/Unterhitze vorheizen.

4. 100 g Kräuterbutter erwärmen und mit einem Pinsel auf den Teig streichen. Das Zupfbrot 20 Minuten im Ofen backen. Danach 1 TL Kräuter und Käse darüberstreuen und weitere 5-10 Minuten backen.

WAFFELN MIT TOMATE-MOZZARELLA

45 MIN

Für ca. 6 Stück:

½ Topf Basilikum
2 Tomaten
1 Pck. Mozzarella
250 g Mehl
2 ½ TL Backpulver
1 Ei
150 ml Wasser
100 g Crème fraîche
4 EL Olivenöl
1½ TL Salz
etwas Pfeffer
Butter zum Einfetten

Waffeleisen
1 Rührschüssel
Handrührgerät oder Pürierstab
1 Kelle

1. Das Basilikum hacken und die Tomaten waschen. Tomaten und Mozzarella klein würfeln.

2. Das Waffeleisen aufheizen. In einer Rührschüssel Mehl und Backpulver vermengen und die restlichen Zutaten dazugeben. Das Ganze mit dem Rührgerät oder Pürierstab zu einer glatten Masse mischen.

3. Tomaten, Basilikum und Mozzarella unter den Teig heben. Das Waffeleisen fetten, den Teig mit einer Kelle auf dem Eisen verteilen und jede Waffel einige Minuten goldbraun backen.

Waffeln mit einem Dip servieren.

BUNTE GEMÜSEPIZZA

45 MIN

Für 1 Blech:

Frisches Gemüse, z. B.:
- Cocktailtomaten
- rote, gelbe, grüne Paprika
- Pilze
- Möhren
- Mais
- Brokkoli
1 Pck. passierte Tomaten
1 TL Oreganogewürz
1 TL Basilikumgewürz
Salz & Pfeffer
1 Pizzateig
1 Pck. geriebener Mozzarella

1 Topf

1. Das gewählte Gemüse waschen (Champignons besser mit einem feuchten Küchentuch putzen) und je nach Sorte klein schneiden, zerteilen oder raspeln.

2. Die passierten Tomaten in einen Topf geben, mit den Gewürzen abschmecken und bei mittlerer Wärmezufuhr etwas eindicken lassen. Währenddessen den Backofen auf 200 °C Ober-/Unterhitze vorheizen.

3. Den Pizzateig auf einem mit Backpapier ausgelegten Backblech ausrollen und die passierten Tomaten darauf verstreichen. Etwas Mozzarella darüber streuen und das Gemüse darauf verteilen. Den restlichen Käse über die Gemüseschicht geben.

4. Die Pizza für maximal 20 Minuten backen.

Das Gemüse nach Regenbogen-Farben sortiert anrichten und die Pizza wird zu einem echten Hingucker.

VEGETARISCHE GEMÜSEQUICHE

90 MIN

Für 1 Quicheform (Ø 28 cm):

Butter zum Einfetten
1 Pck. Blätterteig (Kühlregal)
Öl für die Pfanne
40 g Pinienkerne
1 Zwiebel
450 g TK-Spinat
2 Knoblauchzehen
Salz, Pfeffer, Muskat
200 g Feta
3 Eier
1 Handvoll geriebener Käse (z. B. Gouda)
10 Cocktailtomaten

1 Pfanne
1 Knoblauchpresse
1 Rührschüssel

1. Quicheform einfetten und Blätterteig darin auslegen. Den Teig mit einer Gabel einstechen und kaltstellen.

2. Öl in einer Pfanne erhitzen und Pinienkerne darin anrösten. Danach zur Seite stellen. Zwiebel klein würfeln und in etwas Öl anbraten bis die Würfel glasig sind. Spinat hinzufügen, Knoblauch dazupressen und den Spinat bei mittlerer Hitze auftauen. Mit Salz, Pfeffer und etwas Muskat abschmecken.

3. Den Ofen auf 180 °C Ober-/Unterhitze vorheizen. Feta in 1 cm große Würfel schneiden, die Eier mit einem Schneebesen verquirlen und beides in einer Rührschüssel vermengen. Reibekäse und Pinienkerne unterheben und die Mischung mit Salz und Pfeffer würzen. Spinat auf den Blätterteig in der Quicheform geben und die Mischung darübergießen. Die Masse glatt streichen. Tomaten waschen, halbieren und darauflegen. Die Quiche 45 Minuten lang backen.

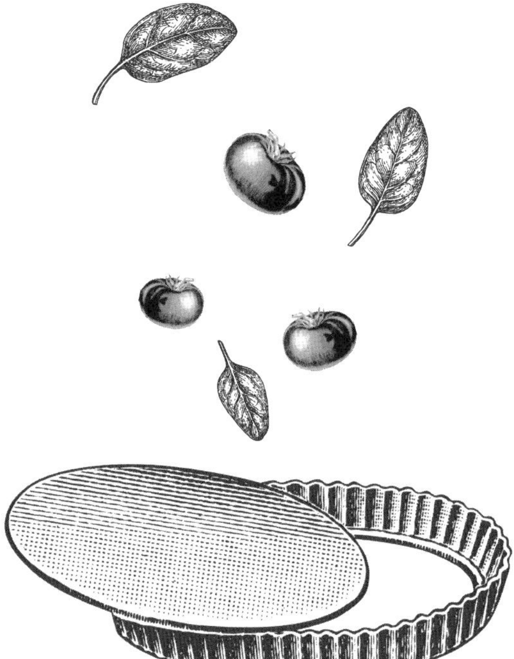

FESTLICHES GEBÄCK

Weihnachten, Ostern & Halloween

BLÄTTERTEIG-WEIHNACHTSBAUM

1 Glas Pesto
2 Rollen Blätterteig
1 Ei

1 Rührschüssel
Zerkleinerer/Mixer
1 Backblech

1. Backblech mit Backpapier auslegen und den Ofen auf 200 °C Ober-/Unterhitze vorheizen.

2. Die erste Blätterteigrolle auf einem mit Backpapier belegten Backblech ausrollen und das Pesto darauf verteilen. Den zweiten Teig als Deckel auflegen und ein großes Dreieck ausschneiden. Um die Weihnachtsbaum-Äste darzustellen, links und rechts mehrere Einschnitte machen und ineinander verdrehen. Den weggeschnittenen Teig zur Seite legen.

3. Das Ei verquirlen und den Blätterteig damit bestreichen. Für 25-30 Minuten backen. Danach abkühlen lassen.

Aus dem übrigen Teig können z. B. Sterne ausgestochen werden. Dann auch mit Ei bestreichen und backen. Der Baum kann vor dem Backen mit Tomaten, Rosmarin und Mandeln dekoriert werden.

BUTTERPLÄTZCHEN MIT ZUCKERGUSS

45 MIN

Für 30 Stück:

100 g kalte Butter
150 g Mehl
75 g Zucker
¾ Pck. Vanillezucker
1 Ei
etwas Mehl zum Ausrollen

Für den Zuckerguss:

1½ EL Zitronensaft
4½ EL Puderzucker
Topping nach Wahl, z. B. Zuckerstreusel

Ausstechformen
1 Nudelholz
2 Rührschüsseln
Handrührgerät
1 Backblech

1. In einer Rührschüssel Butter, Mehl, Zucker, Vanillezucker und Ei mit einem Handrührgerät zu einem glatten Teig verrühren. Diesen für 30 Minuten kühl stellen.

2. Das Blech mit Backpapier auslegen und den Ofen auf 180 °C Ober-/Unterhitze vorheizen. Die Arbeitsfläche mit etwas Mehl bestäuben und den Teig darauf ca. 5 mm dick ausrollen. Gewünschte Formen ausstechen und die Kekse schließlich auf dem Backblech etwa 7-10 Minuten pro Blech backen.

3. Wenn die Plätzchen gebacken und ausgekühlt sind, einen Zuckerguss aus Puderzucker und Zitronensaft herstellen. Die Plätzchen damit bestreichen und nach Belieben mit bunten Streuseln, Perlen, Glitzer etc. dekorieren.

VANILLEKIPFERL

45 MIN

Für 30 Stück:

150 g Mehl
60 g Puderzucker
50 g gemahlene blanchierte Mandeln
½ Vanilleschote
110 g kalte Butter
1 Prise Salz
2 Eigelb

Für die Puderzuckermischung:

60 g Puderzucker
½ Pck. Vanillezucker

2 Rührschüsseln
Handrührgerät
1 Backblech

1. Mehl, Puderzucker und Mandeln in einer Rührschüssel vermengen. Die Vanilleschote halbieren und das Mark herauskratzen. Butter in 1 cm große Würfeln schneiden, Salz und Eigelbe hinzufügen. Alles mit den Knethaken des Rührgeräts zu einem gleichmäßigen Teig verkneten, in Frischhaltefolie wickeln und für 60 Minuten kaltstellen.

2. Den Ofen auf 180 °C Ober-/Unterhitze vorheizen. Backblech mit Backpapier vorbereiten, Teig aus dem Kühlschrank nehmen und aus ca. 3 cm großen Stücken die Hörnchen formen.

3. Im vorgeheizten Ofen etwa 8 Minuten backen. Etwas abkühlen lassen. Puderzucker und Vanillezucker in einer Schale vermischen, die Kipferl in der Mischung wälzen und danach komplett abkühlen lassen.

SCHOKOTALER

Für 20 Stück:

150 g Mehl
50 g Zucker
110 g weiche vegane Margarine
1 Pck. Vanillezucker
3 EL Kakaopulver
200 g vegane Zartbitterschokolade
150 ml Sojacreme
Mehl für die Arbeitsfläche
Meersalzflocken
etwas Mehl zum Ausrollen
1 Rührschüssel
Handrührgerät
1 Topf
1 Glasschüssel
1 Nudelholz
1 runde Ausstechform
1 Spritzbeutel
1 Backblech

1. In einer Rührschüssel Mehl, Zucker, Margarine, Vanillezucker und Kakaopulver mit einem Handrührgerät vermischen und für 60 Minuten abgedeckt in den Kühlschrank stellen.

2. Währenddessen die Schokolade grob zerkleinern und mit Sojacreme in einer Glasschüssel über einem Topf mit Wasserbad schmelzen (siehe Anleitung S. 20). Danach abkühlen lassen.

3. Den Ofen auf 180 °C Ober-/Unterhitze vorheizen. Die Arbeitsfläche mit Mehl bestäuben und den Teig darauf ausrollen. 20 Kreise ausstechen und auf einem Blech mit Backpier für 10 Minuten backen. Abkühlen lassen.

4. Die Schoko-Mischung in einen Spritzbeutel füllen und die Taler damit dekorieren. Zum Abschluss mit etwas Meersalz bestreuen.

LINZER PLÄTZCHEN

Für 25 Stück:

75 g weiche Butter
1 Ei
1 Pck. Vanillezucker
75 g Puderzucker
100 g gemahlene Haselnusskerne
1 TL Zimt
150 g Mehl
Mehl für die Arbeitsfläche
100 g Himbeerkonfitüre
1 Eigelb
1 TL Wasser

1 Rührschüssel
Handrührgerät
1 Backblech
Nudelholz
1 quadratische Ausstechform

1. In einer Rührschüssel Butter, Ei, Vanillezucker und Puderzucker mit einem Handrührgerät schaumig schlagen. Haselnüsse und Zimt dazugeben. Das Mehl langsam unterrühren und zu einem gleichmäßigen Teig verarbeiten. Den Teig in Frischhaltefolie wickeln und für 60 Minuten in den Kühlschrank stellen.

2. Den Ofen auf 200 °C Ober-/Unterhitze vorheizen. Ein Backblech mit Backpapier auslegen. Etwas Mehl auf die Arbeitsfläche streuen und den Teig darauf etwa ½ cm dick ausrollen. 25 quadratische Plätzchen ausstechen und auf das Backblech legen. Mit Konfitüre bestreichen und dabei rundherum einen kleinen Rand auslassen.

3. Den übrigen Teig in kleine Streifen schneiden und als Dekoration auf die Konfitüre legen. Am Rand vorsichtig festdrücken. Jetzt das Eigelb mit 1 TL Wasser vermischen, den Teig auf der Konfitüre damit bestreichen und die Plätzchen für ca. 10-12 Minuten backen.

FESTLICHE CAKE-POPS

Für 12 Stück:

300 g Lebkuchen mit Schokoladenüberzug

3 EL Orangensaft

1 Pck. Kuchenglasur mit Lebkuchengeschmack

weihnachtliche Zuckerstreusel

1 Rührschüssel

12 Holzstiele

1 Topf

1 Glasschüssel

Halterung zum Trocknen

1. Lebkuchen zerbröseln und in eine Rührschüssel geben. Den Orangensaft dazugeben und gut verkneten.

2. Den Teig in 12 gleichmäßige Stücke teilen und aus jedem eine Kugel formen. Die Kuchenglasur in einem Wasserbad erhitzen (siehe Anleitung S. 20) und die Holspieße 2 cm tief in die Glasur tauchen. Die Spieße dann direkt in die Teigkugeln stecken.

3. Wenn alle Teigkugeln mit einem Spieß versehen sind, in einer Halterung für 5 Minuten kaltstellen. Danach in die Glasur tauchen. Auf Wunsch mit Zuckerstreuseln dekorieren und zum Trocknen nochmals in die Halterung stellen.

OSTERBROT

90 MIN

250 ml Milch
½ Würfel frische Hefe
500 g Mehl
80 g Zucker
1 TL Zitronenabrieb
1 Prise Salz
80 g weiche Butter
etwas Mehl zum Bestreuen
50 g gehackte Mandeln
100 g Rosinen
1 Ei
2 EL Milch

1 Topf
2 Rührschüsseln
Handrührgerät
1 Backblech

1. Die Milch etwas erwärmen. Hefe zerbröseln und in der Milch auflösen. Mehl in eine Rührschüssel geben und Zucker und Zitronenabrieb hinzufügen. Milch-Mischung ebenfalls hinzugeben und 5 Minuten lang mit einem Handrührgerät verrühren. Salz und Butter hinzufügen und wieder 5 Minuten rühren.

2. Etwas Mehl auf den Teig streuen und mit der Hand kneten. Mandeln und Rosinen mit der Hand unter den Hefeteig kneten. Den Teig in der Schüssel mit einem Tuch abdecken und an einem warmen Ort für 60 Minuten ruhen lassen.

3. Den Teig anschließend zu einem Laib formen und auf ein Backblech mit Backpapier geben. Wieder abdecken und für 30 Minuten ruhen lassen. Ein Kreuz bis zur Hälfte in den Teiglaib einschneiden. Währenddessen den Ofen auf 180 °C Ober-/Unterhitze vorheizen.

4. In einer Schale Ei und Milch vermischen und das Brot damit einstreichen. Für 35 Minuten backen.

VEGANER KAROTTENKUCHEN

Für 1 Springform (Ø 26 cm):

etwas Öl zum Einfetten
400 g Mehl
300 g Zucker
2 Pck. Vanillezucker
2 TL Backpulver
2 TL Natron
1 TL Zimt
½ TL Salz
200 g Karotten
400 g Sojajoghurt
200 ml neutrales Öl
250 g Puderzucker
3 EL Zitronensaft

2 Rührschüsseln
Handrührgerät
1 Küchenreibe

1. Die Springform gut einfetten und den Ofen auf 150 °C Umluft vorheizen. In einer Rührschüssel Mehl, Zucker, Vanillezucker, Backpulver, Natron, Zimt und ½ TL Salz vermengen.

2. Die Karotten schälen und fein raspeln. Joghurt und Öl verrühren und mit einem Handrührgerät unter die Mehlmischung mixen.

3. Den Teig in die Form füllen und glatt streichen. Etwa 40 Minuten backen und den Kuchen im Anschluss gut abkühlen lassen. Wenn er erkaltet ist, kann er aus der Form gestürzt werden.

4. Puderzucker und Zitronensaft vermischen und über dem Kuchen verteilen.

OSTEREI-AMERIKANER

30 MIN

Für 24 Stück:

100 g weiche Butter
100 g Zucker
1 Pck. Vanillezucker
2 Eier
4 EL Milch
200 g Mehl
2 TL Backpulver
50 g Speisestärke
Puderzucker
Zitronensaft
Lebensmittelfarbe

3 Rührschüsseln
Handrührgerät
1 Backblech

1. Butter, Zucker und Vanillezucker in eine Rührschüssel geben und mit einem Handrührgerät schaumig rühren. Eier und Milch abwechselnd dazugeben. Mehl, Backpulver und Speisestärke in einer zweiten Schüssel vermengen und danach zur Butter-Mischung hinzufügen. Den Ofen auf 170 °C Umluft vorheizen.

2. Das Backblech mit Backpapier auslegen und 24 kleine Portionen des Teiges darauf verteilen. Dabei auf ausreichend Abstand achten. Für etwa 13 Minuten goldgelb backen. Danach abkühlen lassen.

3. Puderzucker und etwas Zitronensaft vermischen. Den Zitronensaft nur teelöffelweise hinzugeben und wieder verrühren, damit die Glasur nicht zu flüssig wird. Die Glasur nach Belieben einfärben und die Amerikaner damit auf der flachen Seite wie Ostereier bemalen.

GESPENSTER-PIZZA

60 MIN

Für 3 Stück:

15 g frische Hefe
500 g Mehl
10 g Salz
50 g Olivenöl
320 ml Wasser
6 EL passierte Tomaten
1 EL Pizza Kräutermischung
etwas Mehl zum Ausrollen
75 g geriebener Käse, z. B. Emmentaler oder Gouda
3 Pck. Mozzarella
15 schwarze Oliven

1 Rührschüssel
Handrührgerät
1 Backblech
1 Nudelholz

1. In einer Schüssel Hefe per Hand in das Mehl reiben. Salz, Olivenöl und Wasser zugeben und mit den Knethaken des Rührgeräts verkneten. Teig abgedeckt mind. 1 Stunde ruhen lassen.

2. Den Ofen auf 200 °C Ober-/Unterhitze vorheizen. Tomaten mit Kräutermischung verrühren. Den Teig auf einer bemehlten Fläche in 3 gleich große Stücke teilen, rund formen und 10 Minuten abgedeckt ruhen lassen. Die Teigbällchen mit dem Nudelholz zu Kreisen ausrollen. Jeweils auf ein Backpapier legen. Tomatensauce verstreichen und mit Käse bestreuen.

3. Mozzarellascheiben in dünne Gespenster-Form schneiden. Aus Oliven Augen und Münder der Geister ausschneiden. Für den Spinnenkörper immer eine Olive halbieren und die andere Hälfte in dünne Halbringe schneiden, damit sie wie Spinnenbeine aussehen.

4. Pizzen nacheinander etwa 10–12 Minuten backen.

SÜSSE KÜRBISMUFFINS

Für 12 Stück:

140 g gemahlene Mandeln
250 g Kürbispüree
2 Eier
60 g Honig
½ TL Zimt
1 TL Ingwerpulver
1 TL Backpulver
1 Prise Salz
Butter zum Einfetten

1 Muffinblech
2 Rührschüsseln
Handrührgerät

1. Den Ofen auf 175 °C Ober-/Unterhitze vorheizen. Die Mandeln und das Kürbispüree in einer Rührschüssel gut vermengen. Die Eier mit einem Handrührgerät mit dem Honig verschlagen und zusammen mit den restlichen Zutaten zu der Mandel-Kürbismischung geben und alles gut miteinander zu einem Teig verrühren.

2. Die Teigmasse in ein gefettetes Muffinblech füllen und 30-35 Minuten backen.

Für schnelles Kürbispüree einen Hokkaido-Kürbis waschen, entkernen und würfeln. Anschließend weich kochen und die Kürbiswürfel pürieren. Die Schale dieses Kürbisses kann mitgegessen werden.

NO BAKE

Backen auch ohne Ofen

SOMMERLICHE BROMBEERTORTE

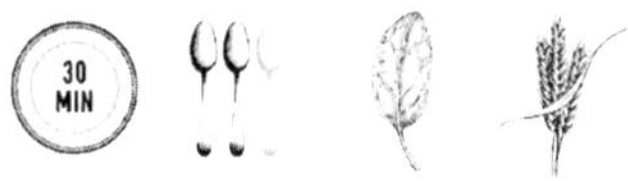

Für 1 Springform (Ø 20 cm):

Für den Boden:
1200 g Datteln
240 g Mandeln
25 g Kokosöl
½ TL Salz

Für die Füllung:
1 ½ Limetten
960 g pflanzlicher Quark
60 g Agavendicksaft
2 ½ TL Vanillearoma
450 g Brombeeren
5 Blatt Agar-Agar

1 Rührschüssel
Mixer/Zerkleinerer
1 Topf
Handrührgerät

1. Alle Zutaten für den Boden im Mixer zerkleinern und danach mit einem Rührgerät in einer Schüssel vermengen. Teig in die Form füllen und Boden fest andrücken. Jetzt in den Kühlschrank stellen.

2. Limetten auspressen. In einer Schüssel Quark, Agavendicksaft, Vanille und Limettensaft gut verrühren, bis ein glatter Teig entsteht. 300 g Brombeeren waschen und zerkleinern.

3. Die Brombeermasse in einen Topf geben und mit 350 g der Limetten-Quark-Mischung vermengen. Auf dem Herd kochen lassen. Agar-Agar dazugeben und wieder kurz köcheln lassen. Dabei weiter rühren, bis sich die Blätter vollständig auflösen. Topf vom Herd nehmen und die restliche Limetten-Quark-Mischung unterrühren.

4. Tortenboden aus dem Kühlschrank nehmen. Restliche Brombeeren auf dem Boden verteilen. Brombeer-Quark-Mischung auf den Boden gießen und glatt streichen. Mindestens 4 Stunden im Kühlschrank kühlen.

KÄSEKUCHEN MIT SCHOKOKEKSBODEN

30 MIN

Für 1 Auflaufform

Für den Boden:

250 g Kakaowaffeln mit Milchcreme

80 g zerlassene Butter

Für die Füllung:

1 Pck. Pulver-Gelatine oder entspr. Alternative

5 EL Wasser

600 g Frischkäse

200 g Vollmilch-Joghurt

110 g Puderzucker

200 g Sahne

1 Pck. Sahnesteif

Für das Topping:

100 g Zartbitter-Kuvertüre

100 g Sahne

Mixer/Zerkleinerer

2 Töpfe

3 Rührschüsseln

1. Waffeln fein zerkleinern, Butter dazugeben und miteinander vermengen. Form mit Backpapier auslegen. Waffel-Mischung auf Boden der Form andrücken. In den Kühlschrank stellen.

2. In einer Schale die Gelatine in 5 EL Wasser einweichen und 10 Minuten quellen lassen. In der Zwischenzeit Frischkäse, Joghurt und Puderzucker in einer Schüssel glatt verrühren. In einer Rührschüssel Sahne mit Sahnesteif aufschlagen. In einem kleinen Topf die Gelatine erwärmen, unter Rühren auflösen und dann 2 EL der Frischkäse-Masse dazugeben. Anschließend die Gelatine-Mischung unter die restliche Frischkäse-Creme mischen und die Sahne unterheben.

3. Creme auf Keksboden ausbreiten und glattstreichen. Mindestens 3 Stunden kaltstellen.

4. Kuvertüre klein hacken. Sahne in einem Topf erwärmen und Schokoraspeln darin schmelzen. 15 Minuten ruhen lassen. Mischung noch einmal umrühren, dann auf dem Kuchen verstreichen. Ca. 30 Minuten lang in den Kühlschrank stellen.

PINKE SMOOTHIE-TORTE

Für 1 Springform (Ø 26 cm):

Für den Boden:

200 g Butterkekse
80 g zerlassene Butter

Für die Füllung:

8 Blatt weiße Gelatine oder entsprechende Alternative

200 g rote Beeren
500 g Quark, 20 % Fett
200 g Joghurt, 3,5 % Fett
100 g Zucker
500 ml pinker Smoothie

1 Gefrierbeutel
1 Rührschüssel
1 kl. Topf

1. Die Butterkekse fein zerbröseln. Butter dazugeben und die Masse in einen Gefrierbeutel füllen. Jetzt gut verkneten. Die Masse in eine mit Backpapier ausgelegte Kuchenform geben, andrücken und kurz in den Kühlschrank stellen.

2. Die Gelatine nach Packungsanleitung einweichen und quellen lassen. Währenddessen die Beeren waschen und in einer Schüssel Quark, Joghurt und Zucker miteinander glatt verrühren. Quark-Mischung mit Smoothie vermengen und Beeren unterheben. Die Gelatine in einem kleinen Topf erwärmen, unter Rühren auflösen und anschließend behutsam unter die Creme mischen.

3. Creme in die Kuchenform füllen und für mindestens 4 Stunden kalt stellen.

Die Creme teilen und jeweils mit einer anderen Smoothie-Sorte und passender Frucht verrühren.

DATTEL-BROWNIES

Für 1 kl. Auflaufform:

200 g Walnüsse
80 g Kakao
1 Msp. Salz
300 g Datteln
140 g Mandeln

breiter Mixer
1 Rührschüssel

1. Die Walnüsse im Mixer fein mahlen. Anschließend Kakao und Salz hinzufügen.

2. Nacheinander, während der Mixer läuft, die Datteln hinzufügen. Die Mischung sollte krümelig aussehen und beim Andrücken zusammenhalten. Alles in eine Schüssel füllen.

3. Die Mandeln hacken und mit der Kakaomasse vermischen.

4. Eine kleine Auflaufform mit Backpapier auslegen, die Masse hineingeben und flach drücken.

Die Masse kühl stellen, dann kann sie im Anschluss gut in Stücke geschnitten werden.

FERRERO ROCHER TORTE

1 dreiteiliger heller Tortenboden

800 g Sahne

2 Pck. Ferrero Rocher à 16 Stück

2 Rührschüsseln

Handrührgerät

1. 6 Rocher für die Dekoration zur Seite legen.

2. Die übrigen in einer Rührschüssel zerkleinern, zum Beispiel mit einem Kartoffelstampfer. 600 g Sahne mit dem Rührgerät steif schlagen und mit den zerkleinerten Rocher vermengen.

3. Den ersten Tortenboden auf eine Kuchenplatte legen und mit der Sahne-Rocher-Mischung bedecken. Die zweite und dritte Ebene darauf stapeln und jeweils mit der Sahne-Rocher-Mischung bestreichen. Auch den obersten Boden damit bestreichen.

4. Jetzt 200 g der Sahne steif schlagen und ebenmäßig auf den Außenrand der Torte ebenmäßig auftragen. Die 6 übrigen Rocher halbieren und auf der Torte verteilen.

Die Torte zusätzlich mit einer Schokoladenglasur verzieren.

PFANNKUCHENTORTE MIT BEEREN

45 MIN

150 g Mehl
2 Msp. Backpulver
300 ml Milch
1 EL Backkakao
180 g Schokoladencreme (z. B. Nutella)
6 EL Zucker
3 Eier
Butter für die Pfanne
250 g Mascarpone
200 g Frischkäse
200 g Sahne
1 TL Vanillepaste
1 Pck. Sahnesteif
400 g gemischte Beeren (z. B. Blaubeeren, Erdbeeren, Brombeeren)

1 Pfanne
1 Kelle
2 Rührschüsseln
Handrührgerät

1. Mehl und Backpulver in einer Schüssel vermischen. Milch, Kakao, 80 g Schokocreme und 2 EL Zucker hinzufügen, danach alles mit einem Handrührgerät verrühren. Eier dazugeben und wieder rühren. Alles für 30 Minuten in den Kühlschrank stellen.

2. Butter in einer Pfanne erhitzen und mit jeweils einer halben Kelle des Teigs große Pfannkuchen backen. Fertige Pfannkuchen abkühlen lassen. Für die Füllung Mascarpone, Frischkäse und Sahne vermengen. Vanillepaste, Sahnesteif und 4 EL Zucker hinzugeben und steif schlagen.

3. Zum Schichten zuerst einen Pfannkuchen auf die Tortenplatte legen und mit 1 TL Schokoladencreme bestreichen. Darauf ca. 2 EL der Mascarpone-Mischung verteilen. Jetzt Beeren auf die Mischung geben. In dieser Reihenfolge die Torte schichten.

4. Auf dem letzten Pfannkuchen die restliche Creme verstreichen und mit den übrigen Beeren dekorieren.

ERDBEER-LASAGNE

30 MIN

Für 1 kl. Auflaufform:

250 g Quark
500 g Mascarpone
3 EL Puderzucker
200 g Sahne
1 kg Erdbeeren
200 g Löffelbiskuit

3 Rührschüsseln
Handrührgerät
Mixer/Pürierstab

1. In einer Rührschüssel Quark, Mascarpone und Puderzucker vermengen. Die Sahne mit einem Handrührgerät steif schlagen und unterheben. 500 g der Erdbeeren pürieren, den Rest in 2 cm große Würfel schneiden.

2. 100 g der Löffelbiskuits in die Form legen. 3-4 EL Erdbeerpüree darauf verstreichen und ein paar Erdbeerstücke darauf verteilen. Eine Schicht Quark-Creme dazugeben und glatt streichen. Diesen Vorgang noch einmal wiederholen und mit einer Cremeschicht enden.

3. Die übrigen Erdbeerstücke und das Erdbeerpüree auf der Creme verteilen. Danach mindestens 2 Stunden in den Kühlschrank stellen.

Auf Wunsch noch mit geraspelter weißer Schokolade dekorieren.

DREI-ZUTATEN-KEKSKUCHEN

Für 1 Auflaufform:

1 kg Schokoladen-pudding

2 Pck. Butterkekse

50 g Kokosraspeln

1. Eine erste Schicht Butterkekse in einer Form auslegen. Eine Lage Schokoladenpudding darübergeben. Diesen Schritt so lange wiederholen, bis vier Lagen Butterkekse entstanden sind.

2. Auf die letzte Keksschicht den restlichen Pudding geben. Dann Kokosraspeln darüber streuen. Den Kuchen für mindestens 4 Stunden kalt stellen.

HIMBEER-CHEESECAKE IM GLAS

Für 4 Portionen:

60 g Butterkekse
40 g weiche Butter
250 g Himbeeren
½ Zitrone
200 g Frischkäse
1 Pck. Vanillezucker
150 g Sahne

4 Gläser
4 Rührschüsseln
Handrührgerät

1. Die Butterkekse zerkleinern und mit der Butter vermengen. Die Mischung in die Gläser füllen und etwas andrücken. Ein paar Himbeeren als Deko zur Seite legen, den Rest grob zerkleinern (z. B. mit einem Kartoffelstampfer). Die Zitrone auspressen und den Saft mit den Himbeeren mischen.

2. Frischkäse und Vanillezucker in einer Rührschüssel mit einem Handrührgerät cremig rühren. Sahne schlagen und unter die Frischkäsemischung heben. Die Hälfte der Frischkäse-Sahne-Mischung auf Keksboden verteilen, Himbeeren darüber geben, dann zweite Hälfte der Mischung in die Gläser geben. Mit übrigen Himbeeren garnieren.

Oberste Schicht mit Kuvertüre verzieren
und Himbeeren darauf legen.

KEKSTEIG ZUM NASCHEN

Für 2 Portionen:

50 g weiche Butter
½ Pck. Vanillezucker
50 g Zucker
100 g Mehl
2½ EL Milch
1 Prise Salz
70 g Schokotropfen

1 Rührschüssel
Handrührgerät

1. Butter, Vanillezucker und Zucker in einer Rührschüssel gut vermischen. Mehl, Milch und eine Prise Salz dazugeben und mit einem Handrührgerät verrühren. Die Schokotropfen unterheben.

2. Den Keksteig für 30 Minuten in den Kühlschrank stellen. Vor dem Servieren zu Kugeln formen.

ALPHABETISCHES REGISTER

K

L

M

O

P

R

S

V

W

Z

VEGANE REZEPTE

GLUTENFREIE REZEPTE

Texte: © booXpertise
Umschlaggestaltung: © booXpertise
Ein Imprint der Neopubli GmbH
Köpenicker Str. 154a
10997 Berlin
Druck: epubli – ein Service der Neopubli GmbH, Berlin

booXpertise

Ein Buch voller Expertise. Dieser Anspruch steht hinter jedem veröffentlichten Buch von booXpertise. Das fundierte Wissen der booXpertise Autor*innen wird hierfür in qualitativ hochwertigen Ratgebern und Sachbüchern gebündelt. Als Leser*in erwartet Sie die spannende Lektüre von gut recherchierten, detailliert verfassten und zugleich leicht verständlichen Texten, Anleitungen und Tipps zu einer Vielzahl von Themen. Das booXpertise Team verfügt über langjährige Erfahrung in der Verlagsbranche. In enger Zusammenarbeit mit diversen Expert*innen bereiten wir die wichtigsten Fakten und Inhalte zum jeweiligen Fachgebiet sorgfältig und professionell auf. Unser Ziel ist es, Ihnen als Leser*in mit unseren Büchern zu helfen und sie mit spannenden Themen, Methoden und Trends zu begeistern.

URHEBERNACHWEISE

Cover: Graphics by Anja Kaiser on Creative Market, Anatoliy on stock.adobe.com, irina on stock.adobe.com

Content: S. 3, 10, 11, 15, 21, 25, 27, 41, 57, 73, 84, 101, 115: Graphics by Anja Kaiser on stock.adobe.com, S. 4: Graphics here and throughout the book by Anja Kaiser on Creative Market, Anatoliy on stock.adobe.com, alhontess on stock.abobe.com, lightgirl on stock.abobe.com, Yauheniya_Bandaruk on stock.adobe.com, S. 5, 12 & 16: Graphic by g13dr3 on stock.adobe.com, S. 24: Graphic by artbalitskiy on stock.adobe.com, S. 32: Photo by Nataliya Vaitkevich on Pexels, S. 42: Photo by Natasha Breen on stock.adobe.com, S. 53: Photo by Alexandra Gorn on Unsplash, S. 64: Photo by happyimages on stock.adobe.com, S. 80: Photo by Marina Leonova on Pexels, S. 88: Photo by SEE D JAN on stock.adobe.com, S. 102: Photo by manyakotic on stock.adobe.com, S. 116: Photo by Asya on stock.adobe.com, S. 128: Graphic by irina on stock.adobe.com.

Printed in Germany
by Amazon Distribution
GmbH, Leipzig

27679052R00079